3岁决定一生

苏瑜平 编著

宝宝3岁
关键期的
教育精要

辽宁人民出版社

ⓒ 苏瑜平　2020

图书在版编目（CIP）数据

3岁决定一生：宝宝3岁关键期的教育精要 / 苏瑜平编著 . —沈阳：辽宁人民出版社，2020.1
ISBN 978-7-205-09768-4

Ⅰ . ① 3… Ⅱ . ①苏… Ⅲ . ①儿童教育—家庭教育 Ⅳ . ① G782

中国版本图书馆 CIP 数据核字（2019）第 246761 号

出版发行：辽宁人民出版社
　　　　　地址：沈阳市和平区十一纬路 25 号　邮编：110003
　　　　　电话：024-23284321（邮　购）024-23284324（发行部）
　　　　　传真：024-23284191（发行部）024-23284304（办公室）
　　　　　http://www.lnpph.com.cn
印　　刷：天津中印联印务有限公司
幅面尺寸：145mm × 210mm
印　　张：8.5
字　　数：209 千字
出版时间：2020 年 1 月第 1 版
印刷时间：2020 年 1 月第 1 次印刷
责任编辑：祁雪芬
封面设计：杨　龙
版式设计：新视点
责任校对：赵　晓
书　　号：ISBN 978-7-205-09768-4

定　　价：42.00 元

目录

Chapter 1
健康篇　让宝宝有个好身体

Chapter 2

能力篇　让宝宝学会独立

Chapter 3
智力篇　让宝宝智力发达

Chapter 4

人格篇　让宝宝心灵长大

1 Chapter 健康篇

让宝宝有个好身体

现在的人对"优生优育"越来越重视。从宝宝出生起，家长们就开始期盼宝宝健康成长，将来成为卓越的人才。

那么，在3岁这个人生关键期，您是否为自己的宝宝奠定了一生所需的身体、智慧以及心灵上的坚实基础呢？

俗话说：3岁看大，7岁看老。

宝宝能不能有一个美好的未来，很大程度上要看宝宝在0到3岁期间是否接受了科学的家庭教育，这是每个人的人生之根。

无论如何，既然您翻开了本书，就请开始一场学习之旅吧——

宝宝的第一反抗期

一般宝宝在2~5岁时，会经历被称为"第一反抗期"的阶段。

宝宝从前不论大小事情都需要父母代劳，但从这个时候开始具有自己的意见，也尝试着对大人反抗。还在1岁时，宝宝就已出现反抗的征兆。这段时期宝宝反抗的手段是不停地说"不要！不要！"以此来拒绝父母的要求，想依靠自己的主张做一切事情。

父母习惯了毫不保留地对宝宝付出爱与关怀，因此对宝宝这种改变一时心理上无法接受，有时甚至不知所措。面对此种情况，多数父母会采取威吓的手段让宝宝听话，但这种做法相当于强硬压制宝宝的需求，于宝宝的成长而言并无益处。

宝宝这种反抗性的态度，大概有下列几种因素：

①对自己的想法与要求宝宝十分清楚，想按照自己的心意去做。这种自我意识的发展是第一个原因，但由于这种想法与要求并非都是正确的，所以宝宝对任何事情都要采取反抗的态度。

②近3岁的宝宝具有了蓬勃的运动力，这可称其为"身体的独立期"。运动机能很发达，想按照自己的心意活动，父母若对其某些行为加以干预，就容易引起冲突。所以，父母应在可能的范围内，让宝宝尽情地

活动。

③整个宝宝期，宝宝都是以自我为中心，但这段时期更甚，此时宝宝缺乏知识，理解能力弱，不了解成人的心理，自我抑制的能力也弱，所以不管怎么样，都会固执于自己的主张。这就成为不听父母的话、事事反抗的原因。

④宝宝表达能力差，在无法让父母了解时，只会着急地以"不要"一词来表示；如果父母不停地质问，宝宝就会因烦躁而乱发脾气来加以抗拒。

值得注意的是，父母应该设法理解宝宝的想法。

3岁宝宝在反抗期中，心理上一定是矛盾的，"我要自己做，因为我自己会做。"宝宝这样主张，但实际去做之后，却不能顺心遂意。于是，希望妈妈来帮忙的依赖心理便抬头。但是父母一般都不理会，宝宝心中的"独立"和"依赖"感互相矛盾，易造成一种自暴自弃的心理。

这段时期，宝宝也会遇到很多问题。例如练习各种生活习惯的辛苦、与新结交的朋友之间的争吵、随着智能成长而有的诸多疑问，以及好不容易学会的语言也得反复练习的辛苦等，这些父母想象不到的压力，都在压迫着宝宝。可父母却还一再地对宝宝赋予不容易达到的期望。

尽管如此，宝宝仍然以令人惊讶的成长力来突破这些难关，不知不觉中适应了周遭的生活环境。有的宝宝所需的时间较短，也有的较长。一般这种困扰父母的反抗期通常持续一年左右。这种独立与依赖纠缠不清的反抗期，绝非宝宝个人的问题，因为宝宝所反抗的对象是父母，而反抗的过程是宝宝希望独立，父母基于保护的心理想加以干涉，才造成宝宝与父母的对立。

如果父母的应对态度恰当，宝宝的反抗就成为通往独立的前奏曲，而深具意义；相反地，父母处理不当，就会有危险，严重者会使宝宝成为个性怪异的人。

遇到宝宝的反抗，父母态度上的不和善，只会令宝宝反感，反抗心理愈强。亲子之间绝不能演变成这种对立关系，否则恐怕会留下后遗症。

父母应该做的是："我知道了，想等会儿再吃饭，不想现在立刻停止游戏！"体贴地说出宝宝的心情，宝宝就会认为父母很了解他，而深感满足。然后父母再告诉宝宝："那么，等表上的指针指到12时就要把玩具收好哟。"如此指示宝宝结束的方法，会比父母的严厉要求更容易使宝宝顺从。

"宝宝不想洗澡吗？宝宝浑身脏兮兮的，妈妈最讨厌这种小宝宝。妈妈不准宝宝吃饭，宝宝就继续玩吧！"本来宝宝是希望再玩一会儿才去洗澡，想不到妈妈却不让吃饭，这种限制的手段，会使宝宝陷入混乱。"妈妈可以再等一下子，但是宝宝一定要洗澡，因为宝宝全身都很脏。"像这样的理由和指示，既清楚又有条理，宝宝很容易理解。假如因果关系不清楚，只会增强宝宝的反抗心理。

宝宝在3岁期间，或早或晚都会出现第一个反抗期，不停地与成人对峙。这是因为宝宝有了独立自主的要求。在这样的阶段，有目的地引导宝宝非常重要，不可一味地约束和管教，别让宝宝的意志在成人的压制中消沉。有的时候，宝宝的固执正是他希望专注做一件事的强烈愿望，妈妈的引导会让宝宝体会到主动探索的快乐，而培养做好一件事的意志力也是对宝宝注意力、创造力、思维力培养的促进。

3岁宝宝的巨大变化

　　3岁期间，即使是圆圆胖胖（正确说是虚胖）的宝宝也会慢慢开始苗条起来。这个时期宝宝的身长会增高，但体重却不怎么增加。

　　3岁时，每天可以给宝宝喝牛奶，间食以宝宝喜欢食用的可口食物为宜。宝宝如果在喝牛奶的同时又吃咸味饼干之类的，就不会营养不良。

　　有许多宝宝不吃菜，可用各种方法加工一下再让他们吃。如果加工太费时间，可用水果代替，这样可省下加工的时间用来同宝宝一道去室外玩耍。

　　吃饭不仅是营养问题，还要从培养宝宝自立和合作精神的角度去考虑。不能因为食谱上写着每次让宝宝吃半碗米，就一日三餐地总是在家人吃饭时以及其他时间，把宝宝按在饭桌上喂30~40分钟。吃饭的乐趣就在于自己能主动地去吃，就在于能够感受到全家团聚的欢乐，这也是人生的乐趣之一。比起让宝宝发胖，教育他懂得享受人生乐趣更为重要。

　　越来越多的宝宝到3岁时还只会叫爸爸、妈妈。许多母亲看到自己的宝宝不能像别的宝宝那样会讲话，不免担心自己的宝宝是不是在智商上有问题。如果耳朵能听见声音（从宝宝身后叫他名字会回头听），日常活动很正常，就一定会说话。宝宝各有特点，不能着急。要尽量创造使宝宝同各种不同年龄组的宝宝一起玩的机会。很有必要让满3岁的宝宝在宽敞的地方用各种玩具和小伙伴们一起玩，过去的宝宝都是这样成长起来的。

3岁宝宝常常会不断地重复同一种游戏，大人可以利用这一点培养宝宝自己玩的习惯。这样可以把宝宝多余的精力同他的成长结合起来。这个时期，宝宝手上的动作灵活，不再只会用4个手指头握着蜡笔，而是会用手指尖拿了、积木能垒得很高了，也能应用自如地使用小铲子。这时就可以利用宝宝的这些能力让他自己玩。

对于喜欢布娃娃的女孩，可以给她布娃娃或炊事玩具，让宝宝在能看见妈妈的地方，自己跟自己玩耍。有条件的家庭，可以在院子里给宝宝挖一个沙坑，他们会自己拿着小汽车、小铲子等到那里去玩。对于喜欢书本的宝宝，可以给他书，宝宝会自己翻书，愉快地欣赏书中的插图。对喜欢画画的宝宝，可以给他们蜡笔和大些的纸，宝宝这时会高兴地一边嘀咕一边天马行空地画画。喜欢音乐的宝宝，父母可选择合适的广播节目给他听，不仅让他听儿童音乐，还要让他听古典音乐，陶冶情操。

夏天一定要让宝宝玩水。如果能买个塑料游泳池，宝宝会百玩不厌。但最好不要买太大太深的，因为在池里摔倒了，爬不起来，会淹着。如果当母亲的不怕宝宝弄脏衣服的话，可给他黏土玩，这样宝宝会独自玩好长时间。

宝宝全身运动的能力在这个时期有显著进步，但宝宝间的差别很大。有的宝宝能跑得很快且很少摔倒，虽然还不能跳，但3岁前能踮着脚尖去抓东西了。发育快的宝宝，3岁时可以走平衡木，打秋千也不害怕了。宝宝的兴趣逐渐向使用大些的玩具发展，以充分发泄自己的精力。几乎每个家庭都会给宝宝买个三转儿童车（不到3岁的宝宝多半蹬不上脚蹬子），但室外游戏还是和小伙伴们一起玩最愉快。即便入不了宝宝园，也该在室外找个安全地带，每天让宝宝同附近年龄相近的宝宝一起玩。这样，身体才会得到充分锻炼。

宝宝最需要什么营养

在自然界中，蛋白质、脂肪、糖类、无机盐、维生素和水是维持人类生存、繁衍的六大类营养物质。3岁是儿童生长发育打基础的时期，该时期儿童生长发育的特点就决定了要把摄入足够的热能和蛋白质作为饮食重点。

需要明确的是：热能并不是营养素，而是营养物质在代谢过程中氧化释放出来的。它主要来自糖、脂肪和蛋白质。机体的各种生理活动都需热能，尤其对于宝宝来说，体内所需热能的1/3都用于生长发育了，如果热能不足就将出现生长停滞。我国人民的主食以五谷杂粮为首。从营养学的角度看，糖类供应的热能占总热能的50%~60%，脂肪供热能占25%~30%，蛋白质供热能占12%~14%，这样的饮食结构是比较合理的。

一般来说，3岁宝宝每日吃粮食100~150克。蛋白质作为人体生长发育的基本原材料，是其他任何物质不能代替的。有人说，蛋白质是生命存在的形式，也是生命的基础，这道出了蛋白质在各类营养元素中的重要地位。在动物类食物和豆类食品中都含有丰富的优质蛋白质，这就是为什么要强调多给宝宝吃一些瘦肉、鱼、豆制品的原因所在。3岁宝宝如果热能不足或蛋白质缺乏，就会出现营养不良，导致体格与智力落后。如果长期营养不良得不到改善，则体格和智力的发育均赶不上正常儿童。

宝宝1日吃多少食物合适

人体对食物的摄入情况，一要根据人体对营养物质的需求，二要考虑到人体对食物的接纳程度。

根据人体对营养物质的需求，一个3岁宝宝每日应摄入的营养量大致为：总热能5020千焦（1200千卡）、蛋白质40克、脂肪33~40克、钙600毫克、铁10毫克、维生素A390微克。参考我国膳食习惯将上述营养要求折合成具体食物一般是：主食数量为100~150克，肉、蛋类食品各为50~60克，蔬菜为100~150克。由于奶制品中有较丰富的营养物质，且味道鲜美，故在宝宝正餐之外，应加1瓶奶。以上定量并不是一成不变的，如果宝宝生长速度较快，身高超过一般宝宝，那么，其营养量就要相对地提高，以满足其生长的需要。

宝宝的胃容量较成人的要小得多，3岁宝宝为400~500毫升，这就决定了他们每顿饭的饭量要比成人的小得多。因此，3岁宝宝一般每日要安排"三餐一点"，以保证进食量。

在为宝宝安排食物时，要做到膳食品种多样化，以保证营养素的丰富，注意食物的色、香、味，促进宝宝的食欲。

宝宝1周的食谱应如何安排

在安排宝宝食谱时，既要考虑满足宝宝生长发育的需要，也要照顾宝宝的进食特点。从生长发育的角度考虑，宝宝的食谱应当是食品种类多、质量优、数量足，还要做工细，宝宝喜欢。

在编制宝宝1周食谱时，首先应确定1日食谱，一个好的食谱必须从以下3个方面考虑：

①保证每日宝宝能摄入5020千焦的热能，40克蛋白质。

②在1日的三餐一点中，要合理分配膳食中的热能，早餐中所获得的热能应占全日热能的25%，午餐占35%，晚餐占30%。午点占5%~10%。

③就食物中各类营养素而言，蛋白质产热占总热能的12%~14%，脂肪占30%~35%，糖类占50%~60%。

根据上述原则，再参考食物成分表，结合当地市场供应情况和自家的经济状况来安排1日食谱。在此基础上，本着同类食品间互相调配的原则，制定1周食谱。例如，鸡蛋、瘦肉、豆腐、鲜鱼都能提供优质蛋白，可把它们分别安排在1周的食谱中，既达到营养要求，又使膳食品种多样化。

在编制食谱时还要注意过酸、过甜、过咸、过油腻的食物都不要安排，每餐中最好是荤素、干稀或甜咸搭配。

宝宝的饮食习惯与能力培养

在宝宝的生长发育过程中，身体需要食物中所含的各种营养素作为其能量原料。因此不仅要合理调配适合宝宝年龄的膳食，还要培养宝宝良好的饮食习惯与能力。应该培养宝宝哪些良好的饮食习惯与能力呢？

①引导宝宝按时进餐的积极性，使其对吃饭表现出极大的兴趣。

②从婴儿期开始，宝宝在吃饭时应有固定的座位，并且注意不改变座位位置。

③注意力集中，细嚼慢咽，定时定量，安静地吃完自己的一份食物，不边吃边玩，也不边吃边看电视。

④喜欢吃各种食物，不偏食、不挑食。

⑤闭住嘴唇咀嚼食物，不"吧嗒"出声，不让别人看见嘴里的食物。

⑥咽下最后一口饭再离开饭桌，不含着食物说话或上床睡觉。

⑦吃饭时注意整洁，吃完碗里最后一点饭菜，不养成剩饭菜的不良习惯，洒了饭、汤，父母应该及时帮助擦净。

⑧经常喝开水，不喝生水。

⑨不捡地上的脏东西吃。

在饮食能力方面，应注意逐步培养宝宝正确使用餐具和独立吃饭的能力。包括：

①七八个月大时能自己一手扶碗、一手用勺吃饭（不必强调右手用勺和筷，应该培养宝宝双手都能使用勺筷、剪刀等的能力，这对大脑左右两半球智能开发是非常有益的）。

②3岁以后可学习用筷子，自己洗手、擦嘴。

③3岁左右能熟练地使用勺和筷子，吃饭吃得干净、利索，并开始学习协助父母摆放碗筷，吃完饭后将自己的碗、筷、椅子放好。

④任何年龄的宝宝都要培养其吃饭的正确姿势，掌握与吃饭有关的语言，如"慢慢细嚼"，各种餐具名称、饭菜名称等。

⑤吃饭前要让宝宝保持安静，保持轻松愉快的情绪。吃饭的环境也要安静、整洁。按时进餐，让胃的消化液正常分泌。千万不能让宝宝饭前过度兴奋或疲劳，不要在饭前呵斥宝宝。饭前一小时内不吃糖果、雪糕等冷饮，也不要喝大量的开水，以免冲淡胃液，影响胃液的正常分泌，从而造成宝宝食欲下降。

⑥注意饭菜的色、香、味、形，经常变换花样，应该安排出1周的食谱，避免单调无味。饭菜太烫或太冷都会引起宝宝反感而拒食，应该注意参照气温适度调整食品的冷热，以增进宝宝的食欲。

⑦宝宝2岁后，可有意地用童话故事、比喻、示范等方法，引导宝宝理解食物的好处，比如"猪肝真好吃，多吃猪肝眼睛会亮晶晶的，嘴唇会红红的""多吃蔬菜，小脸蛋会长得像红苹果一样"。以此培养宝宝对各种食物的兴趣。如果宝宝挑食、厌食，对于不喜欢吃的食物，必须要多变换花样。开始可少量进食这种食物，以后再逐渐增多。

⑧倘若宝宝发脾气、任性，切不可用糖果、饼干等食物来缓解矛盾，转移宝宝不合理的要求，以免形成吃零食的习惯。进食时，更不可迁就宝

宝边吃边玩的毛病。宝宝不好好吃饭时，可以采用不理睬的态度，坚持下去，宝宝会自知没趣而"休战"。

⑨3岁左右宝宝的学习积极性很高，但因能力所限，吃饭时打翻碗碟、饭菜洒到桌上地下等错误会不断出现。父母应该耐心教会宝宝正确使用餐具的动作，即使手、脸、衣服弄脏，也要不厌其烦地及时帮助擦净，并对宝宝微小的进步给以鼓励，让宝宝始终保持旺盛的学习积极性。千万不能粗暴处理，更不能图省事、包办代替而剥夺宝宝学习自己吃饭的机会，这会影响宝宝饮食习惯与能力的发展。

⑩父母应该注意自己的言行给宝宝带来的不可估量的潜移默化的影响。平时言谈或餐桌吃饭时，父母尽量不要有暗示性语言和动作，以免形成宝宝饮食上的坏习惯。比如，妈妈不喜欢吃猪肝，让宝宝察觉后，就会照妈妈的言行去做，必然形成挑食的坏习惯。

父母还应及时了解宝宝拒食或食欲不振的原因，想方设法保证宝宝获得足够的食物营养。

预防肥胖，注意饮食方式

医学上规定：超过同年龄、同身高的正常体重的20％者称为肥胖儿（不包括因内分泌紊乱或脑部疾病所引起的病理性肥胖患儿）。这些宝宝食欲极佳，喜吃糖、淀粉类、油脂类食物，而少吃蔬菜、水果，这类宝宝的体格发育和骨骼发育可超过同年龄宝宝。皮下脂肪分布均匀，面颊、胸乳部、肩部、腹部脂肪较多，较大的肥胖宝宝大多性发育较早。宝宝发展为肥胖儿，再减肥是一件相当困难的事。

造成宝宝肥胖的原因除遗传因素外，主要是摄入过多、消耗过少。

为了避免宝宝肥胖，父母要有一定的科学喂养、哺育知识，培养宝宝良好的饮食习惯。

喂养须注意的地方：

①提倡母乳喂养，按需哺乳（宝宝饿了就可以吃），母乳喂养不易使宝宝肥胖。

②非母乳喂养的宝宝要按比例在奶中加糖，并定时、定量哺乳。

③添加辅食不要以高热量为主，要增加多种营养素，如维生素、微量元素。

④饭菜中的三大营养物质糖、蛋白质、脂肪必须合理搭配，蛋白质食

物要以瘦肉、鱼类、动物肝脏和豆制品为主，油炸类食物应该少吃。

⑤培养宝宝多吃蔬菜、水果。尤以体积大、热量小的芹菜、萝卜、黄瓜、苹果为主。因蔬菜、水果不但含有维生素，而且有通便的功效。

⑥少吃零食，特别是糖类食品。

⑦避免暴饮暴食。

预防肥胖：

①定期测量宝宝体重，如发现体重增加较快，超过正常标准，要合理限制进食量，不使体重骤然增减。

②饭后不要让宝宝立刻睡觉，可先做一些适当的小活动。较小的宝宝，父母可以陪着在床上玩一会儿。较大的可适当延长活动时间，但不宜进行剧烈运动，否则消耗多刺激食欲，难以控制饮食。

提示：

减肥主要是减掉多余的脂肪，因此提倡运动控制肥胖。利用药物、节食等方式进行减肥不可取，宝宝正处在生长发育的时期，如果一味控制肥胖而忽视全面的营养供给，会使宝宝的成长受影响而造成营养不良或贫血等，得不偿失。

预防肥胖是比较困难的，但若等宝宝胖起来再去减肥则是更困难的，所以预防肥胖仍是首要之举。

注意宝宝饮食方面的危险

宝宝的饮食安全很重要，在这些方面应该注意：

1.餐具

有些父母喜欢为宝宝选择色彩鲜艳、图案漂亮的餐具，却不知颜料中含有铅。宝宝经常使用这种餐具，摄入过量的铅，会引起铅中毒，影响健康。父母选择餐具要注意其原料无毒、无害，符合国家规定的卫生标准。适宜选用无色或浅色的餐具，图案、花纹在碗的外层或盘子的边沿比较安全。

宝宝不宜使用玻璃或瓷器类易碎的餐具，以免失手打破，造成伤害。

不锈钢和铝制品餐具传热较快，宝宝易被烫着手、嘴。

若想让3岁的宝宝学习用筷子，父母必须密切注意，以防不慎扎伤，筷子要短，两头都不可尖细。

2.进食

宝宝吃饭慢，喜欢含饭，父母不要催促，如发现宝宝恶心或有噎住现象，应马上让宝宝把嘴里的食物吐出来。

睡觉前要让宝宝把嘴里的食物吐净，睡眠时神经反应活动减弱，咽喉肌肉松弛，食物容易滑入气管，是非常危险的。

宝宝的食物，温度要合适。父母食用的热汤、热菜要放在宝宝够不着的地方，父母端开水、热汤进屋要提醒宝宝避让。

3.食物中毒

宝宝应避免吃凉拌菜，店里买来的熟食也要煮蒸后再吃，以免引起肠道感染和食物中毒；在家庭自制沙拉前，刀具、器皿必须消毒；外面买的豆浆须煮沸后才能给宝宝喝。

从冰箱里拿出的食物要烧开煮透才能食用。隔夜食物、吃剩的牛奶，应避免再给宝宝吃。

家禽的内脏和鱼、虾、蛋、奶都是容易变质的食物，必须特别注意保持新鲜。

开水反复烧开，会产生亚硝酸盐，蒸锅水、热水瓶里的隔夜水再次烧滚后也不宜再给宝宝饮用。

让宝宝学会独立进餐

吃饭是人的本能，不吃饭就会饿死。作为人的一种生存能力，1岁半左右的宝宝就有了要自己吃饭的欲望，3岁宝宝应该开始学习自己吃饭。

现在许多家庭仍是独生子女，家长们对宝宝的关怀可以说是无微不至。在宝宝自己要动手吃饭时，有的父母抵不过宝宝的要求，就让他吃上几口。由于宝宝的动作不十分协调，一来吃得慢，热饭容易变凉；二来会把饭菜洒在桌上、地上，弄得一片狼藉，吃得满身都是。因此，许多家长不许宝宝自己动手吃饭。然而，这种做法大错特错。

宝宝自己动手吃饭，不但可以提高宝宝吃饭的兴趣，促进体内助消化物质的分泌，而且也培养了宝宝的手眼协调能力，锻炼了宝宝手的灵活性。独立吃饭是宝宝的一个自身能力的培养和锻炼，对于当今的独生子女，这一点尤为重要。宝宝自我意识是从3岁开始形成的，抓住"吃饭"这个时机，适时培养宝宝的自立能力，何乐而不为呢？

1. 培养宝宝使用餐具和独立吃饭

吃饭前让宝宝将手洗干净，自己拿勺或筷子坐在大人身旁一起吃饭。初学自己吃饭时宝宝的动作不太协调，容易洒饭，弄脏衣服。这是正常的，家长不要责骂他，要耐心地帮助宝宝，教给宝宝拿勺筷的正确姿势，让宝宝模仿大人的动作，把饭一口一口送进嘴里。家长可以给宝宝夹菜、添饭，但不要喂，鼓励宝宝自己吃，同时称赞菜的好味道，说宝宝吃了能长高等，以促进宝宝积极进食的情绪，尽快掌握自己吃饭的技能。

2. 养成良好的饮食习惯

吃饭时不要让宝宝边吃边玩，边吃边看电视，要专心致志。每次给宝宝少盛一些饭，让宝宝能够吃完，以免剩在碗里养成浪费粮食的习惯。培养宝宝爱吃各种食物，不挑食、不偏食的好习惯。

3. 不要让宝宝独占食物

进餐时，餐桌上好吃的东西要大家一起分享，教育宝宝应先给长辈盛饭，再给宝宝盛饭，懂得礼让别人，防止宝宝养成一切自己优先，独占食物的不良习惯。

4. 添加粗纤维食品

粗纤维食品是我们生活中不可缺少的食品。如果在日常生活当中，吃的粮食过于精细，也可造成某种或多种营养物质的缺乏，引起一些疾病。因此，在人们生活水平不断提高的同时，要注意粗纤维食品的摄入。

粗纤维主要含在粗粮和蔬菜中，粗粮有玉米、黄豆、小米、绿豆、蚕豆等。蔬菜有油菜、黄花菜、韭菜、芥菜、香椿等。此外，海带、黑木耳、蘑菇中粗纤维含量也较高。

给宝宝经常吃粗纤维食物，可以促进咀嚼肌的发育，并有利于宝宝牙齿和下颌的发育，能促进胃肠蠕动，增强胃肠消化功能，防止便秘，还具有预防龋齿和结肠癌的作用。但给宝宝做含粗纤维多的饮食时，要做得细、软、烂，以便于宝宝的咀嚼、吸收。

偏食是必须被纠正的

偏食是一种不良的饮食习惯，独生子女中多见，究其原因多是家长对宝宝的教育不当或过于溺爱。为此，要纠正宝宝的偏食习惯，首先应从家长做起。

①在宝宝面前不要过分表现对某种食物的厌恶和不喜欢，采购食品时，要力求品种多样化。

②引起宝宝的饮食兴趣，如有些宝宝爱吃肉不爱吃蔬菜，则可以向宝宝讲蔬菜对人体的好处，并讲些与此相关的有趣故事，如吃青菜的小白兔长高了，也长得白白胖胖的，多可爱呀！以此引起宝宝对青菜的食欲。

③在食品制作上，做到烹调方法多样化。每顿菜种类不一定要很多，三种即可，但要用不同的方法做成花样不同的食物，尤其是宝宝不喜欢的食物，要做得色香味俱全，引起他的兴趣，或改变制作方法。如宝宝不爱吃白菜，可把白菜掺在他喜欢吃的肉里，做成饺子或包子，使宝宝慢慢适应。

④不要强迫宝宝进食，不要通过很多种办法强迫宝宝吃不愿吃的某种食品，可以用与这种食品营养相似的食品来代替，或过一段时间再让他吃，以免造成宝宝对某种食品的抵触情绪，甚至把吃某种食品当成一种负担和惩罚。

零食的选择有学问

零食是指正餐以外的一切小吃，是宝宝喜欢吃的小食品，如小饼干、蛋糕、糖果等。有人完全不主张给宝宝吃零食，因为零食会影响消化及正餐进食量，但多数医生和儿童保健专家认为适当的零食是必要的，因为宝宝胃容量小，而新陈代谢旺盛，每餐进食后很快被消化，所以要适当补充一些零食。但零食选择不当或过多，会扰乱宝宝正常的身体消化规律，导致营养失衡，甚至引发消化系统疾病，影响宝宝的身体健康。因此给宝宝吃零食还要掌握好零食的种类和进食时间。

1. 选择零食的种类

零食可选择各类水果、面包、全麦饼干等，但要量少、质精，花样也可经常变化。还可以选择一些强化食品，如含铁、锌、钙类食品，但要根据宝宝的需要选择，如宝宝有营养性贫血，则可以选择含铁饼干。

2. 安排好宝宝吃零食的时间及数量

可在每天中、晚饭之间或午睡醒来之后，给宝宝吃一些点心或水果，但是量不要过多，可占每日总热量的10%~15%，切勿在饭前吃零食，这会影响正餐进食。

3. 少吃高糖、高脂肪、生冷的零食

太甜、太油腻的糕点、糖果、巧克力等不宜经常作为宝宝的零食。因为它的热量高、油脂多，不易被宝宝消化，且经常食用可引起肥胖。冷饮和汽水也不宜作为零食，易引起宝宝消化功能紊乱。

4. 选择零食要有计划，有控制，注意卫生

父母不可用零食来逗哄宝宝，不能宝宝喜欢吃什么就买什么，选购零食时还要注意清洁卫生、新鲜、未过保质期。

纠正宝宝独食的毛病

父母都很疼爱宝宝，尤其是隔辈人，为了让宝宝吃好，常常要单独做些或买些宝宝爱吃的食品，还特意让他知道"这是专门给你做（买）的"。这样做，易形成宝宝在家庭中的特殊地位，好吃的、好玩的只能由他自己独享，有的宝宝吃惯了独食，未经他许可，别人吃了他一点儿东西，就哭闹着不依不饶。更有甚者，即使到别人家做客，也将爱吃的东西拿到自己跟前独享，这种无礼的行为常使父母十分尴尬。

为了避免宝宝养成独霸抢先的不良习惯，父母应从吃喝等小事上注意对宝宝进行品德教育，宝宝若在日常生活小事上不考虑他人感受，将来他在别的事情上也会只想到自己。纠正宝宝独食毛病，可以先从分食做起。吃东西时，家庭成员每人都有一份，即使为保证宝宝的营养，让他多吃一点儿，别人少吃一点儿，也要让他知道，这不是他的特权，别人需要时，也有这种权利。吃饭时，最好全家人一起，不能让宝宝先上桌挑拣他爱吃的东西。平时注意培养宝宝谦让长辈、谦让弟弟妹妹、谦让小朋友的好习惯。当宝宝礼让时被让人要向宝宝表示感谢，让宝宝感到自己的行为是受到肯定的。如果被让人不吃，应该简明讲出不吃的原因，比如孩子让妈妈吃东西而妈妈不想吃时，应说明理由"谢谢你，妈妈生病刚好，医生说先不要吃这种油的东西"，适当解释，以免使宝宝产生"反正他们不会真吃"、只需假装谦让一下的虚伪心理。

宝宝吃饭恶心的原因

　　有些3岁的孩子由于"嘴壮"，吃饭时各种饭菜都吃得香甜；而有的宝宝只肯吃米糊、土豆泥或牛奶，菜切得稍微大一些就咽不下去，直恶心，甚至引起呕吐。其原因在于这些3岁的宝宝还没养成咀嚼的习惯。

　　有的妈妈养育宝宝过分细心，每天不辞劳苦地为宝宝精烹细作，把肉菜等制成泥状食物喂宝宝吃。时间长了使宝宝失去练习咀嚼的机会，宝宝长到两三岁时，还只能接受糊状或小颗粒状食物。

　　宝宝的吞咽、咀嚼能力是通过锻炼不断完善的，7个月以后就应由糊状、小颗粒状食物逐渐过渡到学习吃切成小块的食物。如果3岁的宝宝还不能接受块状食物，那么父母可从以下方面训练宝宝：

　　①把稀饭、面糊改成厚粥、烂面；把泥状辅食改为碎末辅食。宝宝习惯一段时间后，再过渡到吃米饭、小块辅食。要从小到大，切忌直接从喂米糊、牛奶改成喂干饭。

　　②在调整阶段，宝宝不爱吃的东西就不要勉强他，以免引起厌食心理。注意食物的色、香、味，让宝宝感到吃东西是一种享受。比较老的菜叶、大块的瘦猪肉和牛肉暂时先不喂宝宝，这些食物不易嚼烂。

　　③有时可给宝宝吃一些细猪瘦肉、肉枣、鱼柳之类的零食。让宝宝练

习咀嚼，锻炼牙齿。宝宝一般都爱吃这些东西，不会恶心，实在嚼不动的残渣可以吐掉。

④喂饭时父母的态度、语言对宝宝也很重要。大人和颜悦色，宝宝就会心情愉快，乐于接受食物。

厌食的原因及预防

厌食是当前宝宝中较常见的一种症状，使家长十分烦恼。宝宝为什么厌食？据调查原因主要有几点：

1. 不良的饮食习惯

经常吃零食使胃肠不停地工作，打乱了消化活动的正常规律，长久下去就会使宝宝没有食欲。另外有的小孩边吃边玩，家长拿着碗追着宝宝喂，吃饭时不专心，食物的色、香、味对感觉器官的刺激作用减弱，使大脑对进食中枢的支配作用减弱，消化系统功能降低，对进食缺乏兴趣和主动性。

2. 饮食结构不合理

主副食中高热量食物多，蔬菜、水果、谷类食物少，如宝宝经常吃巧克力、奶油蛋糕、糖果等食品，容易造成宝宝血液中糖含量高没有饥饿感，所以就餐时没有胃口，餐间再次饥饿，又再以点心、糖果充饥，形成恶性循环。

3. 家长照顾宝宝进食的方法不当

宝宝3岁时生长速度比婴儿时期减慢，食量相对减少，如果饭量减少的情况下，宝宝精神状况依旧良好，不会总喊饿想吃零食，这是正常现象，家长不要紧张。如果此时有的家长用强迫、催促甚至打骂等方法勉强宝宝进食，就有可能造成精神性厌食。

4. 一时性环境因素引起的厌食

进食环境可影响人的食欲，如宝宝刚刚入幼儿园不适应新的进食方式，或是到亲戚家短住不适应口味或条件，均可引起宝宝食欲降低。

5. 疾病的影响

如反复感冒或反复腹泻、佝偻病、缺铁性贫血、锌铁性贫血、锌缺乏疾病，因病未愈或服用药物也影响胃口。

由以上原因不难看出，预防宝宝厌食，要少吃零食，定时进餐，吃饭时保持安静而愉快的情绪，要提供营养均衡的膳食，预防营养性贫血、佝偻病的发生，增强体质，减少疾病。服药时改变方法，如抗生素饭后服用，可减少胃肠刺激，以免影响食欲。

宝宝厌食症的食疗建议：

①山楂30~40克，大米50~100克，砂糖10克，先将山楂入砂锅煎取浓汁，去渣后放入大米、砂糖煮粥。可作为上下午点心食用，不宜空腹食。以7~10天为1疗程。

②大枣10~20枚，鲜橘皮15克（或陈皮3克），先将大枣用锅炒焦，然后与橘皮放入保温杯内，以沸水冲泡温浸10分钟，饭前代茶频饮。每天1次。

③鲜白萝卜500克，蜂蜜150克。将萝卜洗净切成小块，放在沸水内煮沸即捞出、控干；晾晒半天，再放回锅内，加蜂蜜，以小火煮沸、调匀、待冷，装瓶备用，每次饭后食用数块，连服数天。（脾胃失调型）

④西瓜、番茄（西红柿）各适量，西瓜取瓤去籽，用洁净纱布绞挤取

液，番茄用沸水冲烫剥皮，也用洁净纱布绞挤取液。二液合并，代饮料随量饮用。

　⑤雪梨3个，大米30~50克，生山楂10克，将梨洗净切碎，加水适量煮半小时，捞去梨渣，加大米、生山楂煮粥，趁热食用，每天1次，5~7天为1疗程。（滞热内生型）

　⑥鲫鱼100克，薏米15克，羊肉50~100克，将鲫鱼去鳞和内脏，羊肉切片，与薏米同煮汤后调味服食，每天或隔天1次，连服数次。

　⑦鲤鱼100克，豆豉30克，胡椒0.5克，生姜9克，陈皮6克，同放砂锅内煮汤调味服用。每天或隔天1次，连服4~5次。

如何为宝宝提供平衡膳食

3岁宝宝不仅走起路来利落，而且不断掌握新本领，如上楼梯、玩木马、做竹竿操等，活动范围也日益开阔，所以需要补充足够的热能及各种营养素来满足他们日渐加大的活动量以及身体生长的物质来源。

为了保证儿童能够吸收足够的营养，就要科学地调配饮食，其目的是为了发挥各种食物的营养价值，便于身体的吸收利用，这就是"平衡膳食"。做到平衡膳食要注意以下几点：

1. 食物品种要多样化

也就是说杂粮食类、豆类、肉类、蛋类、奶类、蔬菜类、水果类、油类等多种食物都要吃。粮食类主要提供糖分；肉类、蛋类、奶类、豆类主要提供蛋白质；蔬菜类、水果类提供无机盐和维生素；油类提供脂肪。

2. 各类食物之间的比例要合适

比如蛋白质、脂肪、糖类这三大产热营养素就要有一定的产热比例。他们在体内产热比例最好是12%~15%：25%~30%：55%~60%。也就是说，一半以上的热能应由糖类供给。由此可见，早餐仅让宝宝喝1袋奶和吃1个鸡蛋，就不如喝1袋奶再加几片面包合理。

3. 食物调配得当，烹调合理

注意以下5个搭配：①动物性食物与植物性食物搭配；②荤菜与素菜搭配（每餐中有荤也有素）；③粗粮与细粮搭配；④干、稀搭配（早、午、晚有干食，也有粥或汤类）；⑤咸甜搭配（宝宝以少吃甜食为佳）。

为宝宝制作食物应注意什么

制作食物的要求一般应从以下3方面考虑：适应宝宝的消化吸收能力；在制作过程中尽可能地保留食物的营养成分；宝宝对制作的食物有良好的兴趣。根据上述原则，在具体操作过程中应注意以下几方面：

①米饭要煮得烂、软，也可用荤素菜煨饭；粗粮要做成粉糊状，以利于宝宝消化吸收。

②蔬菜切成小丝、小片、小丁，鸡、鸭肉内脏等也要切成细丝，谨防宝宝嚼不烂下咽，造成恶心、呕吐。鱼类要取骨、去刺、烧烂，谨防鱼刺卡在宝宝的喉咙处。

③不宜为宝宝制作油炸食品、刺激性的食品，如咖啡、浓茶、辣椒、咖喱粉等，这些也不宜为宝宝配餐及作为调味品添加。

④为了增加宝宝进餐的兴趣，在制作时要注意食物的色、香、味、形，以刺激宝宝的食欲。

⑤宝宝爱吃带馅的食物，可将宝宝不爱吃的菜做成馅，使他能平衡地摄入营养。

3岁宝宝春季常用食谱是怎样安排的

推荐食谱：

早餐：鸡蛋软饼25克、大米红豆粥25~50克

中餐：烩油菜豆腐、软饭50克

午点：山药薏米粥50克

晚餐：猪肉菠菜馅水饺50克

鸡蛋软饼是将面与鸡蛋和成面糊，放平底锅热后放入少许油，将面糊倒入，摊成饼，煎成嫩黄即可。此饼松软适口，营养丰富。油菜、菠菜都有较丰富的铁质，与含蛋白质较多的豆腐、猪肉一起食用，有利于铁质的吸收。

山药薏米粥具有调理脾胃的作用，常吃可促进宝宝食欲和消化吸收功能，特别是对于饮食不调导致长期消化不良的宝宝，具有健脾益胃的作用。

3岁宝宝夏季常用食谱是怎样安排的

推荐食谱：

早餐：两色卷25克、牛奶100毫升

中餐：香菇炒菜花、黄瓜汤、软饭50克

午点：大米绿豆粥100毫升

晚餐：西红柿鸡蛋卤面50克

两色卷是用白面作皮、玉米面作馅做成的小卷子，黄白相间，易引起宝宝的食欲。玉米粉含有较多的粗纤维，同时含热能也较高，既可为宝宝提供能量，又有通便的作用。菜花所含丰富的维生素C是骨骼、牙齿、微血管及结缔组织细胞合成的必需物质，还可促进铁的吸收，对生长发育期的儿童尤为重要。每100克菜花就能提供88毫克的维生素C。其他含维生素C较多的食物还有油菜、圆白菜、水萝卜、番茄等，可多给宝宝吃一些。绿豆具有清热解暑的作用，夏天经常给宝宝喝一些绿豆汤或绿豆大米稀粥，既可解暑，又可补充水分。

鼓励宝宝多吃蔬菜

　　随着社会经济和文化的发展，越来越多的家长将宝宝的成长作为头等大事。家长们为了让孩子健康成长，饮食方面都会给宝宝提供足够的高蛋白类及高热量的食物，如鸡、鱼、牛奶、豆制品等，相比之下，蔬菜则没有引起家长的足够重视。宝宝吃菜少，有时是因为蔬菜的做法不好，宝宝咀嚼功能差，吃起来费力而不爱吃菜；有时是因为宝宝只爱吃肉不爱吃菜，所以我们可采取以下方法制作蔬菜。

　　①将蔬菜切碎、剁烂放在肉里搅成馅，做饺子和包子，还可以做成菜团子或馅饼，鼓励宝宝食用。

　　②生熟搭配。有些蔬菜可以生吃，生吃可以避免维生素的破坏或流失。另外夏天可以拌些凉菜加点醋，醋既能保护菜里的维生素不被破坏，又能溶解纤维素，还能调味，刺激食欲，帮助消化。

　　③荤素搭配。如有宝宝不爱吃胡萝卜，可以做猪肝胡萝卜汤，既能增加宝宝的饮食营养，还可预防贫血及维生素A缺乏，有益于宝宝健康成长。

宝宝多吃巧克力好不好

　　许多宝宝喜欢吃巧克力。由于巧克力味道香甜，宝宝吃起来就没有够，越吃越爱吃，一块接着一块。有的家长认为巧克力是好东西，高级营养品，吃了对宝宝有好处，既然宝宝喜欢吃就管够。实际上巧克力是一种热能很高的精制食品，可以作为宝宝的糖果偶尔吃一点儿。但是，吃得过多对宝宝并非有益，反而会给宝宝带来伤害。

　　巧克力的主要成分是糖和脂肪，因此能提供比较高的热能，具有独特的营养作用。在体力消耗较大的情况下，吃些巧克力能及时补充所消耗的热能，维持体力。所以体育运动员、舞蹈演员就需要吃些巧克力来补充热能的消耗。但是巧克力也有它的不足之处，它所含蛋白质、维生素非常少，而这些营养素是宝宝在生长发育过程中所必需的。另外，甜食吃多了会伤脾胃，而且巧克力含脂肪较多，在胃里停留的时间比较长，吃完常会有一种饱腹的感觉。因此，宝宝吃多了巧克力必然会影响食欲，吃不下饭。如果长此下去，就会直接影响宝宝的营养摄入和身体健康。尤其是肥胖宝宝，巧克力这种高热能的食品对他们来说更不能多吃，应该是尽量不吃或偶尔吃一点儿。

　　因此，对于宝宝来说，巧克力并不是理想的高级营养品。

宝宝不宜常吃的食品

有许多食物不宜于宝宝食用。

1. 可乐饮料

可乐饮料中含有一定量的咖啡因，咖啡因对机体中枢神经系统有较强的兴奋作用，同时对人体也有潜在的危害。宝宝处在身体发育阶段，体内各组织器官还没有发育成熟，身体抵抗力较弱，宝宝喝可乐饮料产生的潜在危害可能会更严重。

2. 爆米花

爆米花中铅的含量很高，铅对人体危害非常大。铅进入人体后，会损害人的神经系统、消化系统和造血功能等。宝宝常吃爆米花，很容易发生铅中毒，出现食欲减退、腹泻、烦躁不安等症状，并可能导致抵抗力下降和生长发育迟缓等不良后果。

3. 人参食品

宝宝不宜多食人参食品，人参有促使性激素分泌的作用，食用人参食品会导致宝宝性早熟，严重影响身体的正常发育。

4. 腌咸鱼

各类腌咸鱼都含有大量的二甲基亚硝酸盐，这种物质进入人体后，会转化为致癌物质，宝宝抵抗力较弱，这种致癌物对宝宝的毒害更大。

5. 罐头食品

罐头食品在制作过程中都会加入一定量的食品添加剂，如色素、香精、甜味剂、保鲜剂等。宝宝身体发育迅速，各组织对化学物质的解毒功能较弱。如宝宝常吃罐头，摄入食品添加剂较多，会加重各组织解毒排泄的负担，从而可能引起慢性中毒，影响生长发育。

6. 泡泡糖

泡泡糖中含有增塑剂等多种添加剂，这些添加剂有微量毒性，对宝宝身体有潜在危害。倘若宝宝吃泡泡糖的方法不卫生，可能引发肠道疾病。

7. 街头小贩制作的零食

如糖葫芦、棉花糖或油煎饼、艺术糖（如吹糖人）等。这些食品表面看好像不脏，其实大部分不符合国家卫生要求标准；个别食品的色素和糖精远远超标，对宝宝的身体不仅有害，而且常易发生消化不良等多种疾病。

8. 过咸食物

许多父母喜欢吃过咸食物，宝宝也就跟着吃过咸食物。时间久了，易引起宝宝高血压，特别是有高血压史的家庭更应注意。为了预防高血压或其他心血管病的发生，从儿童起就应养成少吃盐的习惯。

9. 多量的动物脂肪

动物脂肪（动物油）主要含有饱和脂肪酸，宝宝若大量食用会影响其对钙质的吸收而对健康不利。如果是吃动物油较多，会造成血脂和血中胆固醇增高，使宝宝较早地发生心血管疾病。

10. 3岁以下宝宝应少吃鸡蛋清

这个年龄的宝宝消化系统发育还不十分完善，肠壁的通透性较高，而鸡蛋清的蛋白分子很小，可透过肠壁直接进入血中，导致机体对异体蛋白分子发生过敏反应，从而出现荨麻疹、湿疹等疾病。

养成良好的生活习惯

　　3岁是培养各种生活习惯的重要时期，因为这时建立一定的条件联系比较容易。习惯一旦形成也比较稳固，如果不注意培养，形成了坏习惯，再纠正就比较困难。宝宝一天的活动内容要根据他的年龄特点、生理需要，在时间和顺序方面合理安排，使宝宝养成按时休息、按要求进行各项活动的好习惯。

　　3岁宝宝每天睡眠时间要保证在13小时左右，避免大脑过度疲劳。晚上八点半睡觉至第二天清晨六点半至七点起床（十个半小时左右），午饭以后再睡两个半小时午觉。晚上睡前洗脸、洗脚或洗澡，然后换上宽松柔软的内衣，让孩子自己上床睡，家长可以讲故事或播放催眠曲；睡眠环境要舒适温暖，光线要暗。养成定时睡眠的习惯，宝宝则很容易入睡。有些宝宝要抱娃娃睡觉是可以的，但不要养成吮手、咬被角、蒙头等坏习惯。

　　3岁宝宝每日应该有四餐，除了早、中、晚三餐外，午睡后下午三点左右可以加一次午点，每两餐中间都要注意喝水和提醒宝宝排尿。良好的饮食习惯也是在这个阶段形成的，比如要固定位置自己吃饭，不挑食、偏食，不把零食当饭吃等。

　　除了吃饭、睡眠养成好习惯以外，还应该有好的卫生习惯，如饭前、便后洗手，不随地大小便，玩具玩完之后要整理等。

制定合理的作息制度，就要宝宝认真执行。家长或者老师向宝宝委婉地提要求，一般来说宝宝是容易听从的。每天都坚持按要求去做，宝宝就会习惯成自然。培养习惯不能随意破例，否则宝宝会觉得大人的要求可以不执行，这样良好的习惯就难以养成。

宝宝仍离不开奶瓶怎么办

许多人认为,宝宝3岁以后就不应再用奶瓶喝奶了。可是有的宝宝3岁多仍离不开奶瓶,这是怎么回事?

宝宝离不开奶瓶一般有两种原因:一是习惯,二是依恋。如果只是习惯,对宝宝来说比较容易改用碗喝奶;但如果是依恋,则较难立刻撤掉奶瓶。因为这样的宝宝往往安全感差,总想寻找一个亲切、熟悉的东西作为自慰的物品,而奶瓶往往就是最易被宝宝用于自慰的一件东西。如果这时父母硬要撤掉奶瓶,会对宝宝产生较强的心理打击,使他恐惧不安,反而影响以后良好性格的形成。如果宝宝还需要奶瓶作为"护身符",我们有什么理由非撤掉它不可呢?重要的是使宝宝快快乐乐地成长。遇到宝宝有这种情况,家长大可不必着急。当宝宝与外界接触增多,自立能力增强时,他会自动放弃奶瓶的。

防止宝宝发生意外

　　宝宝年幼无知，缺乏独立生活能力，各种感知系统及行动能力发育尚未成熟，识别危险的能力差，自身防御能力弱，加上好奇心理、活泼好动等，在日常生活中，往往由于成人的一时疏忽而发生意外事故。如磕碰受伤、烧伤、气管异物、中毒、溺水等，这些都是儿科急诊中的常见病，应引起家长注意。

　　①从3岁到3岁6个月，这个年龄段的宝宝活动能力增强，运动量急增，但由于他们的年龄小，自我保护能力差，在玩耍中很容易摔伤，磕破手部、口唇、膝盖等部位。

　　②在玩耍中容易从高处滑落，从阶梯上翻下来，容易造成头部、面部外伤及小肢骨折。

　　③到水边去玩耍时，宝宝喜欢玩水，看水中的影子，如果家长不留心，宝宝容易跌入水中，溺水。

　　④宝宝好奇心强，在家里喜欢蹬着椅子爬上窗台，看看外面的世界或与楼下的小朋友打招呼，这样做不小心的话很容易坠楼。

　　以上这些情况都是3岁宝宝可能会遇到的状况，家长们一定要多加注意。

教新生宝宝说话有误区

教宝宝说话也有学问，有些误区必须注意：

1. 过分满足宝宝的要求

当宝宝已经明白成人的话以后，而宝宝还不会从口中说出，如果宝宝指着水瓶，成人马上明白，这是宝宝想喝水了，于是把水瓶递给宝宝。这种满足宝宝要求的方法使宝宝的语言表达能力发展缓慢，因为不用说话，成人就能明白自己的意图，自己的要求就已经达到了，因此宝宝失去了说话的机会。当宝宝想喝水时，可以给宝宝一个空水瓶，宝宝拿着空水瓶，想要得到水时，会努力去说"水"。仅仅说一个字，就应该鼓励宝宝，因为这是不小的进步，宝宝懂得用语言表达自己的要求了。

2. 用儿语和宝宝说话

儿童语言发展有自身的阶段性，都是经历单词句（用一个词表达多种意思）、多词句（用两个以上词表达意思）、表达完整句子这几个阶段。父母对宝宝进行教育时，应了解这一规律，但又不能迁就宝宝，而应通过正确的教育引导宝宝的语言向更高阶段发展。

1岁左右的宝宝，语言处于单词句阶段，宝宝经常发出一些重叠的音，如"抱抱""饭饭""打打"，结合身体动作及表情来表达自己的愿望，如说"抱抱"时，就张开双臂面向妈妈，表示要妈妈抱。

到了1岁6个月左右，宝宝能用两三个词组合在一起表达意思，这就进入了多词句时期。开始时能把两个词重叠在一起，如"吃饭饭""妈妈抱"；快到3岁时，出现简单句，能准确地表达自己的意思，如说出"妈妈抱宝宝""宝宝吃饭饭"等。在这些发展阶段中，宝宝用宝宝语是因为其语言发展水平限制了宝宝的表达能力。许多家长因此以为宝宝只能听懂这些儿语或觉得有趣，也用同样的语言和宝宝讲话，而这样做就很可能拖延了宝宝过渡到说完整句子的阶段。

无论宝宝怎样说话，父母都应该用正确的语言来回答，并用标准的话语来纠正宝宝的话，通过父母的正确语言示范，宝宝能较早学会说完整的句子。

3. 重复宝宝的错误语音

刚学会说话的宝宝基本上能用语言表达自己的愿望和要求，但是有很多宝宝还存在着发音不准的现象。如把"吃"说成"七"，把"狮子"说成"希几"，"苹果"说成"苹朵"，等等。这是因为宝宝发音器官发育不够完善，听觉的分辨能力和发音器官的调节能力都比较弱，还不能正确掌握某些音的发音方法，不会运用发音器官的某些部位。如在发"吃""狮"的音时，舌向上卷，呈勺状，有种悬空感，而小宝宝不会做这种动作，把舌放平了，错音就出来了。对于这种情况，父母不要学宝宝的发音，而应当用正确的语言来和宝宝说话，时间一长，在正确语音的指导下，宝宝的发音就逐渐正确了。

宝宝口吃怎么办

3岁这个年龄出现口吃的毛病是很多见的，其中男宝宝居多。开始时，宝宝本身并未介意，做母亲的却吓坏了，或者让宝宝矫正，或者斥责他，这时宝宝才开始注意到了。如果是词语丰富的宝宝，就会巧妙地躲开不好发音的词，用其他词去表达。

当母亲的如果矫正过于严格，宝宝就会一点儿也张不开嘴。宝宝由于想说而说不出来时，会因烦恼而摔东西，或躺在地上打滚。

口吃的原因，有时也很清楚。有时是由于想把左撇子的宝宝改成习惯用右手，如让他改用右手拿匙，或者是收起宝宝用左手拿着的蜡笔时而引起的；有时是由于过于严厉地斥责宝宝尿床而引起的；有时是由于一向和睦的父母突然发生争吵而引起的；有时是由于小朋友们非常善辩，宝宝自己想说什么都被他们抢先说了而引起的，等等。

尽管能找出许多原因，但是父母大都忽略了引起宝宝"情绪不好"的原因。

这个年龄出现的口吃基本都会彻底痊愈的，最重要的是父母的乐观态度。宝宝已经出现口吃，再给予刺激，就很难矫正。所以，父母的言行应该表现出宝宝好像不存在口吃似的。宝宝说话时，切忌用担心的目光紧盯着他的口型，判断他是否口吃。不管孩子是否口吃，对宝宝说的话，都要用他口吃之前的同样态度去回答他。如果父母和宝宝的感情融洽，他就会安心。矫正宝宝发音时，如果父母和宝宝的感情不融洽，他就会立刻意识到，并因此感到忐忑不安。

　　把宝宝带到"儿童洽谈所"或是医生那里，让他在众人面前练习流利地讲话，这对他是极大的屈辱。仅此一点就会使宝宝在发音前忐忑不安，本来三个月就可矫正过来的，现在则需要半年。不用吃什么特殊的药。如果带3岁宝宝去"口吃矫正学校"，只能使他更深地意识到自己有口吃。

服用退烧药要慎重

在日常生活中，有很多家长看到孩子发烧，还未弄清楚什么病，就自行给宝宝服退烧药，到医院看急诊的家长走进急诊室，第一句话常常是："大夫，快给我宝宝打个退烧针吧！"家长认为宝宝烧一退病就好了，正因为这样武断的想法造成了不少悲剧。曾有宝宝半夜突然发烧40℃，家长摸宝宝发烧了，拿半片退烧药给宝宝服，一小时后宝宝大汗淋漓，烧退了，家长放心地睡觉了。第二天清晨醒来，发现宝宝面色苍白，四肢冰冷，昏迷不醒，送到医院检查，为中毒性痢疾晚期。还有的家长，宝宝连续发烧好几天也不带到医院看病，而是一发烧就给退烧药吃，一日3~4次，连续服了好几天以后病情越来越重，到医院查血常规，结果是粒细胞减少症。这些都是家长未弄懂宝宝为什么发烧就乱给吃退烧药造成的。

人类能维持体温恒定，确保机体产热和散热近于相等，靠的是中枢神经系统对内脏器官的"管理调节"机能。体温调节中枢位于丘脑的前视区，产热和散热靠神经介质。细菌、病毒、感染、组织损伤等都可使体温升高。体温高是机体对疾病的自然防御反应，可增强吞噬细胞的杀敌能力。发烧的高低、热型还有利于病情的诊断。一般情况下，医生要根据宝宝的年龄、发烧的程度决定是否给宝宝使用退烧药。有的疾病需要观察热型，才能做出正确诊断，如结核病、伤寒都有它特殊的热型。大部分疾病发烧都有一定规律，发烧只是一种现象，甚至发烧是疾病给人们的一种信号。宝宝发烧到医院就诊，要按医生的诊断治疗，在疾病未诊断清楚之前，退烧可能掩盖症状，延误诊断及治疗。退烧只治标不治本，只能暂时退热4~6小时，而不能阻止炎症的继续发展，并且退烧药有很多副作用，如粒细胞减少、过敏反应、凝血障碍等。

所以给宝宝使用退烧药前要慎重，必须及时根据病情、年龄，按公斤体重用药，不要随便使用。如38.5℃以下，最好采用物理降温的方法，如冷水袋、冷毛巾敷头部，并多饮温开水，这种方法不仅安全舒适，还可避免出大汗而消耗体液。

另外，对于一些特殊病人要特殊对待，如容易出现高热惊厥的病人，一旦发烧就需要用退烧药，但服药后要马上到医院就诊。

宝宝经常说肚子痛怎么办

有些3岁以上的宝宝在早上起床后或者在进餐中、玩耍中，会突然喊肚子疼。疼痛的部位有的在脐部，有的在脐周围，有的在心窝部，有的在左下腹，其中以在脐上部的疼痛最多见。肚子痛发作时，宝宝面色苍白，比较紧张，有时不能进餐，甚至恶心、呕吐。按压宝宝腹部时，局部有压痛。肚子痛过一阵后即好转，有的在排便后即好转。好转后宝宝玩耍如常，但第二天又有同样的病症发作，甚至有的宝宝排便后也不好转。这时家长很着急，急忙带宝宝到医院去检查。可是经医生检查，有的甚至照过腹部X光，或者做过胃肠造影、腹部B超等，均显示宝宝身体正常，大便镜检也未找到虫卵。这到底是怎么回事呢？

上述现象我们称之为功能性腹痛（又名复发性腹痛）。3岁以上的宝宝功能性腹痛不仅常见，而且还有许多是找不到原因的。最可能的原因有食物过敏、起立性调节障碍、心理情绪紊乱等。

经常腹痛的宝宝，家长不要着急，先观察有没有内科病，如上呼吸道感染、急性肾炎及风湿热等。如果没有内科病，那么，可以自己给宝宝检查一下。检查的方法是：首先让宝宝平卧，双腿屈曲，使腹部的肌肉放松。家长站在宝宝的右侧，用右手按压宝宝腹部，并同时观察宝宝的面部表情。如稍用力按压后宝宝面部有疼痛的表情，或者腹部的肌肉比较紧张，不易按压下去，这时宝宝可能得了急腹症，需立即送宝宝到医院检查，让医生确定到底有无外科的急腹症（如阑尾炎）。

若上述情况都没有，才考虑功能性腹痛，家长可以给宝宝找找是不是以下原因：

①若自己的宝宝平日体质弱，容易疲劳，站立过久后易晕倒，这种宝宝的腹痛称之为起立性调节障碍性腹痛。这种腹痛时间比较短，只要给宝宝加强营养，进行体育锻炼，增强体质，腹痛就会随之好转，不需要药物治疗。情况严重的可以服镇静药。

②若是在食用牛乳、蛋类、鱼虾等食物后引起的腹痛，这是过敏性腹痛。停止食用这类食物后，腹痛会好转。

③心理紧张或压抑因素造成的腹痛。有这种腹痛的宝宝在性格上比较敏感，容易紧张或者焦虑，我们称之为神经质型的，这种宝宝需要进行开导，消除其心理紧张，腹痛也就消失了。家长引导其做别的事情，或者给予安慰剂（如维生素类药物），腹痛也可消失。

④腹型癫痫所引起的腹痛。这种宝宝腹痛发作比较频繁，也比较突然。有时会突然自愈，疼痛消失后精神上和体力上均无异常。这种类型的腹痛需到医院做脑电图才能确诊，脑电图上可以显示异常的波形。

⑤饮食调理不当，暴饮暴食，或者饮用太多过冷的饮料，均可造成腹痛。消除上述因素后可以避免复发。

⑥肠道寄生虫病引起的腹痛。只要给予驱虫，就可以治愈。

⑦腹痛伴有腹泻，要注意肠道的慢性炎症和肝脏的慢性疾病，需带宝宝到医院做大便常规和肝功能检查。

⑧若经常腹痛时伴有右上腹的疼痛，要注意病毒性肝炎、肝脓肿和胆

管的感染，这时也需要到医院做详细的检查。

⑨腹痛经常伴有左上腹的疼痛，有的宝宝会在饭前空腹时痛，有的会在饭后痛，有的两者兼有，这多为胃部和十二指肠部的炎症和溃疡。目前发现，多为幽门螺旋杆菌感染所致。这种病为口口传播，家庭发病的较多。此病除了有腹痛外，还会出现腹胀、恶心、呕吐等症状。家长可带宝宝到医院做胃电图和幽门螺旋杆菌抗体的测定来确定本病，也可用抗肠道感染的抗生素和中药治疗。

宝宝怕打针怎么办

　　宝宝有病时，有些家长为了使宝宝的病能尽快好，常常希望给宝宝打针。可是打针对宝宝来说是一件痛苦的事情。一来针头刺进皮肤会造成疼痛，二来有些针剂本身也有刺激性疼痛，如青霉素针剂和庆大霉素针剂。宝宝打过一次针后，尝到了疼痛的滋味，第二次就再也不肯打针了，见了针就害怕。这时家长该怎么办?

　　①首先要判断宝宝的病情，若能用口服药物治疗就尽量口服，因为口服药物比较安全，不会引起局部感染，也不会刺痛宝宝。

　　在门诊常见这样一些家长，只要宝宝高热，即要求给宝宝打退热针，甚至要求给宝宝静脉输液，以为这样烧很快就能退下来或者病很快就好了。其实这是不可取的。一般宝宝发热在39℃以上才给打退热针，在此温度以下应给口服退热药或者物理降温。因为在39℃以下注射退热针，宝宝会因退热过程中出汗过多发生虚脱而加重病情。静脉注射一般是在病程较长、病性较重、感染较重，有电解质紊乱、脱水等情况下才被采用。因此，静脉输液要根据医生对病情的判断而决定。

　　②实在由于病情需要而打针时，先给宝宝讲需要打针的道理，克服害怕的心理，鼓励宝宝要勇敢，特别是要向勇敢的人学习。如果旁边有打针

而不害怕的小朋友，可以用现身说法的方式对宝宝进行教育。

③害怕打针而哭闹厉害的宝宝，家长可以和医务人员配合进行打针。家长坐在凳子上，将宝宝臀部向上，把裤子脱好，用家长的双腿夹着宝宝的双腿，然后家长用一只手从胸背部抱着宝宝，另一只手扶着宝宝的腰背部，让宝宝的胸腹部紧贴着家长的胸腹部，使宝宝不能乱动。医务人员打针的动作要迅速，避免因宝宝哭闹而产生将针头折断的危险。

④静脉输液宝宝哭闹时，家长要和打针的护士配合，小宝宝输液一般采用头皮静脉注射，家长要按住头部，不要让宝宝乱摇头并压住宝宝的身体。实在哭闹厉害的宝宝可给适量的水合氯醛，让宝宝安静入睡，保证输液的顺利完成。较小的宝宝在护士静脉穿刺成功之后，可以适当喂母乳或者牛乳，让宝宝安静入睡，以保证静脉输液的完成。

宝宝水痘是怎么回事

随着我国计划免疫的开展，一些严重危害宝宝健康的传染病减少了，如麻疹、脊髓灰质炎（宝宝麻痹症）、流行性脑脊髓膜炎和流行性乙型脑炎等。但我们常常在冬春季节还能看到这样一种情况，幼儿园里或同院里的小孩中，只要有一个宝宝得了水痘，凡是没有得过水痘的其他小朋友很容易就被传染上了。那么，水痘是一种什么病呢？水痘是一种疱疹性病毒感染，它的传染性极强，只要没有得过水痘者，约90%的人会发病。它是通过接触或飞沫传染的，以宝宝和学龄前儿童发病较多。一次患病后可以终身免疫，发生第二次的极为少见。

水痘的潜伏期为10~24日，起病突然，往往先见到皮疹，或同时有发热。一般热度较低，大约在39℃以下，经1~5日热退。水痘皮疹的特点为向心性，也就是说以躯干、头部、腰部多见而四肢比较少。皮疹开始为丘疹或红色小斑疹，几小时或1日后大多数皮疹转为疱疹，中心微凹陷，然后变干结痂。再经过几日或1~3周痂皮脱落，不遗留痂痕。如果被挠破或感染，会留下轻度凹痕。皮疹的轻重不一，出现的先后不同，可分批出现，因此在宝宝皮肤上可以同时见到丘疹、疱疹、结痂等现象。

宝宝出水痘后要注意：在发热时卧床休息；为避免发生突发感染，要剪短宝宝的指甲，以防抓破皮疹；勤换内衣防止感染。切忌涂龙胆紫，因其会掩盖痂下的感染而不能及时发现。

近年来发现，有的宝宝患水痘合并脑炎、心肌炎和皮肤感染的现象增多，这些并发症对宝宝的健康影响很大，有的甚至危及生命。故现在提倡，12个月大以上的健康人群、免疫缺陷病人及其密切接触者可以接种水痘疫苗，以免被传染上水痘。

缺铁性贫血的膳食选择

缺铁性贫血已成为宝宝主要的营养缺乏病之一，宝宝的100毫升血液中血红蛋白（血色素）低于12克即为缺铁性贫血。患儿表现为面色黄或苍白，食欲及精神不振，注意力不够集中。病情重者，血容量减少，会影响心脏功能，甚至导致贫血性心脏病。病程长者会妨碍生长发育，导致智力发育迟缓，防病抗病能力都较差。

宝宝患了缺铁性贫血要用药物治疗，更主要的是要注意膳食的调节。在这方面，应注意以下两点：

1. 选择富含蛋白质、铁、维生素C的食物

蛋白质和铁含量丰富的食物有瘦肉、蛋类、动物脏腑类、水产、禽类等。每日进食150克肉类及2个鸡蛋就可满足一日所需的蛋白质。

红果、黑木耳、黑芝麻、虾、干海带、口蘑、紫菜等食品含铁量较高。宝宝一般吃黑木耳5克或干海带6克或虾7克或黑芝麻20克，就能满足一日10毫克铁的需求量。

在夏秋季节，新鲜的蔬菜和水果含有丰富的维生素C，如番茄、甜柿椒、黄花菜、柑橘、红果、草莓、红枣等。宝宝一般吃番茄1~2个或柑橘

100克或红枣10克，就能满足一日维生素C的需求量。

2. 每日保证一定的饮食摄入量，切忌暴饮暴食

注意纠正宝宝不良的饮食习惯，做到生活有规律，以利宝宝消化吸收。

流行性腮腺炎药膳

中医认为宝宝流行性腮腺炎的发生与感染风湿病毒有关，应当用清热解毒的药膳治疗。

1. 绿豆白菜心

生绿豆100克，白菜心3个。先把绿豆放在小锅里煮烂，加入白菜心煮20分钟，取汤吞服，每日1~2次。

2. 忍冬夏枯草茶

忍冬藤、夏枯草各30克，蒲公英、玄参各15克。为粗末，水煎，取汁，代茶饮。适用于防治流行性腮腺炎。

3. 黄花菜汤

鲜黄花菜50克（干品20克），洗净水煮，用食盐调味。吃菜喝汤，每日一次。本药膳清热、利尿、消肿，适用于宝宝流行性腮腺炎。

4. 银花薄荷饮

银花15克、薄荷6克、黄芩3克、冰糖15克。水煎取汁，加入冰糖溶化后服用。

营养不良的婴儿调理

婴儿的生长发育特别迅速，在婴儿期里，宝宝的体重要从3000克增长到9000克，身长可以从刚出生的平均50厘米增至75厘米。这种快速生长，使得婴儿阶段的营养补充比任何年龄阶段都更为重要。如果长期营养供给不足，宝宝的生长发育就会受到阻碍，甚至停止。这不仅会影响到婴儿当时的健康状况，还可能因此错过发育的最佳期，从而影响到以后的健康，使宝宝的体力、智力都受到损害。因此，婴儿期的营养，对于人一生的身体健康是非常重要的。

1. 营养不良的临床表现

（1）一度营养不良：体重减少15%~25%，脂肪层变薄，肌肉不坚实。

（2）二度营养不良：体重减少25%~40%，身长低于正常值。脂肪层消失，肋骨、脊柱突出，皮肤苍白失去弹性，肌肉张力低下，不能站立，哭声无力，运动功能发育迟缓，情绪不稳定，睡眠不安，食欲低下。

（3）三度营养不良：体重减轻40%以上，身长低于正常值，发育迟缓，骨龄低，脂肪层消失，颌骨、颧骨突出，老人貌，皮肤苍白干燥、无弹性，生命体征低弱，情绪不稳定，食欲低下或消失。易腹泻、呕吐合并感染。

　　婴儿营养不良的治疗应采取防治结合、营养保育结合及中西医结合治疗的综合措施。

2. 宝宝营养不良的病因

　　（1）长期饮食不当，热量不足，人工喂养以粮谷类食物为主，且质差量少；母乳不足，添加辅食不当；仓促断奶，婴儿不适应。

　　（2）消化系统疾病。如先天畸形、唇裂、腭裂、幽门狭窄、喂食困难、消化功能不健全、吸收不良、肠炎、痢疾；慢性消耗性疾病，如反复发作的肺炎、结核等。

　　（3）由于长期发热、食欲不振、营养摄入减少但消耗多而导致营养不良。

　　（4）其他情况，如早产、双胞胎等，都可能是营养不良的先天条件。

　　（5）较重的营养不良，为多种原因所致。

附：营养不良的调理食谱

鱼肉末

[原料]净鱼肉100克（鲤鱼、草鱼都可），精盐1克。

[做法]净鱼肉去皮，去骨刺，放入盘内，上锅蒸熟。加适量盐拌匀即可。鱼肉取出捣烂，可与烂米粥或面片一起食用。

[提示]鲤鱼肉含丰富的谷氨酸和组氨酸，婴儿食用能摄入良好的蛋白质，有助于生长发育，尤其是大脑的发育，还可预防营养性水肿。要选用新鲜的鱼，同时要把鱼刺剔净。适宜4个月大及以上的婴儿食用。

豆腐糊

[原料]豆腐20克，肉汤适量。

[做法]锅置火上，放入清水，放入豆腐氽一下捞出。锅置火上，放入

肉汤、豆腐，边煮边用勺子研碎，煮好后放入碗内，研至光滑即可食用。

[提示]此菜蛋白质含量丰富，质地优良，既易于消化吸收，参与人体组织的构造，又能促进婴儿的生长。此菜还含有较丰富的脂肪、糖类及维生素B、维生素C和钙、镁等矿物质。婴儿食用，能生津润燥、清热解毒，对身体健康大有益处。制作时豆腐放入开水中烫一下，马上捞出，去涩味即可。豆腐煮时间长了容易老化，婴儿不易消化。

蚕豆京糕泥

[原料]鲜蚕豆50克，京糕25克，白糖15克，花生油5克，桂花适量。

[做法]鲜蚕豆剥去老、嫩皮，放入锅内煮烂，捞出，用冷水过凉，放菜板上，砸成泥状放入碗内。京糕切成绿豆大小的丁。锅置火上，放入花生油，加入白糖、蚕豆泥、桂花，用中火推炒，炒熟后盛入盘内，撒上京糕丁即成。

[提示]蚕豆有健脾祛湿、利尿消肿作用。蚕豆与京糕合用，具有增进食欲、帮助消化、清热利尿的作用，是婴儿春季较为适宜的食品之一。注意要选择新鲜蚕豆作为原料。适宜10个月大及以上的婴儿食用。

番茄鱼

[原料]净鱼肉100克，番茄70克，精盐2克，鸡汤200克。

[做法]收拾好的鱼肉放入开水中煮一下，除去骨刺和鱼皮。番茄用开水烫一下，捞出放入冷水中，然后剥去皮，切成碎末。鸡汤倒入锅中，加入鱼肉同煮，稍煮后加入切碎的番茄、精盐，再用小火煮成糊状。

[提示]此菜含有丰富的蛋白质、钙、磷、铁和维生素C、维生素B及胡萝卜素等多种营养素，适宜于婴儿食用，有补脾填髓、健脾益气等作用，促进生长发育。一定要选用新鲜的鱼做原料，一定要剔除鱼刺，鱼、番茄要煮烂。此菜适合于5个月大及以上的婴儿食用。

杏仁苹果豆腐羹

[原料]豆腐200克，杏仁6粒，苹果50克，冬菇1只。

[做法]豆腐切成小块，置水中泡一下，捞出；冬菇搅成茸和豆腐煮沸，油盐调味勾芡成豆腐羹；杏仁去外皮，苹果去皮，切成小粒，两者皆搅成茸；豆腐羹冷却后，加杏仁、苹果茸拌匀即成。

[提示]甜杏仁含蛋白质、脂肪、氨基酸等，有润肺止咳、润肠通便的作用。与豆腐、苹果相配成菜，含丰富的蛋白质、铁质等。婴儿食用，对提高免疫力，防止贫血、便秘，促进生长很有帮助。注意杏仁、苹果一定要搅成细茸，不能有渣粒。

什锦蛋羹

[原料]鸡蛋1只，海米末3克，番茄酱12克，菠菜末12克，麻油适量，水淀粉、精盐适量。

[做法]鸡蛋磕入碗中，加盐适量和100克温水搅拌均匀待用；锅置火上，放水烧开，把鸡蛋碗放入屉内，上锅蒸15分钟，成豆腐脑状待用；炒锅放150克清水，水开后放入海米末、菠菜末、番茄酱、适量精盐，用水淀粉勾芡，淋入麻油即可。

[提示]鸡蛋是婴儿生长发育不可缺少的主要食品之一，鸡蛋配以番茄酱、虾米、菠菜，制成菜肴，增加了维生素C和胡萝卜素、钙、铁、锌的供应，使营养更加全面，有利于婴儿健康地生长发育。注意蛋液内要加凉开水或温水，不能加生水，勾芡切忌加酱油。此菜适宜于8个月大及以上的婴儿食用。

虾米菜花

[原料]菜花30克，虾10克，白酱油、精盐各适量。

[做法]菜花洗净，掰成小朵，放入开水锅中煮软后捞出、切碎；把虾

洗净，放入开水中煮熟后剥去皮，切碎，加入白酱油、精盐煮，使它略有淡咸味，倒在菜花上即成。

[提示]菜花与虾米同用营养更加丰富，保健功效更强，比较适宜婴儿食用。制作中一定要把虾皮剥净，菜花、虾肉要切碎、煮烂，以适应婴儿的咀嚼能力。此菜适宜于10个月大及以上的婴儿食用。

豆腐蒸鸡肉

[原料]豆腐25克，鸡脯肉20克，葱头末10克，鸡蛋8克，麻油适量，酱油4克，淀粉5克。

[做法]豆腐洗净，放入锅内煮一下，沥去水分，研成泥，摊在抹麻油的盘子内。鸡蛋磕入碗中。鸡肉洗净，去筋络，剁成细泥，放入碗内，加入切碎的葱头末、鸡蛋、酱油、淀粉，调至均匀有黏性后，摊在豆腐上面，用中火蒸几分钟即成。

[提示]豆腐含有丰富的植物蛋白质，与鸡肉的动物蛋白质相互补充，对婴儿生长发育能起到很好的作用。洋葱能健胃助消化、抗炎杀菌，增强婴儿的免疫功能。一定要把鸡肉、葱头剁成细泥，搅拌至有黏性后，方可与豆腐同蒸至烂熟。

挂面汤

[原料]挂面（龙须面）40克，熟肝15克，鸡蛋15克，菠菜15克，白鸡汤或骨头汤适量，麻油、酱油、精盐适量。

[做法]肝切成细末，菠菜洗净后，用开水烫一下切末，挂面切成小段；鸡汤倒入锅内，加入挂面、酱油、精盐一起煮，挂面煮软后，加入肝末、菠菜稍煮，再把鸡蛋调散后淋入锅内，滴入麻油，出锅即成。

[提示]此面含有丰富的蛋白质、糖类、钙、磷、铁、锌及维生素A、维生素B、维生素C、维生素D、维生素E等婴儿发育所必需的多种营养

素。注意挂面要煮烂，不要带很多汤。适宜于6个月大及以上的婴儿食用。

鱼肉松粥

[原料]大米25克，鱼肉松15克，菠菜10克，精盐适量，清水适量。

[做法]大米淘洗净，放入锅内，倒入清水，用旺火煮开，转微火熬至黏稠，待用；菠菜摘洗净，用开水烫一下，切成碎末放入粥内，加入鱼肉松、精盐，尝好口味，用微火再熬几分钟即成。

[提示]此粥营养丰富，富含矿物质、蛋白质和微量元素，具有健胃、开胃、补血等功效，适宜宝宝食用。制作时，粥烂黏稠后，放入鱼肉松、菠菜，菜烂熟后即可喂食。适宜于7~8个月大的婴儿食用。

肝黄粥

[原料]肝25克，鸡蛋1个，粳米30克，料酒、精盐、味精各适量。

[做法]肝洗净，用刀刮成茸，加适量料酒、精盐腌渍10分钟；鸡蛋煮熟，取出蛋黄压成泥，备用；粳米淘洗干净，加适量的清水在锅中煮开后，用小火煮成稀粥；肝泥和蛋黄加入稀粥中，再加入适量的精盐和味精调味，煮沸10分钟后即可。

[提示]肝含铁丰富，有补肝养血功效。蛋黄含丰富的铁、卵磷脂、蛋白质，能补血、健脑。两者与大米合用，含有丰富的蛋白质、矿物质，有补血养血、健脑的功效，可以补充婴儿机体生长发育所必需的营养素。

牛奶蜂蜜饼干

[原料]普通面粉200克，黄油25克，牛奶25克，蜂蜜25克，发酵粉。

[做法]面粉倒入盆内，加入发酵粉混合；把黄油放入蜂蜜中搅开，加入牛奶，倒入面粉和成黏面团；面团擀成0.5厘米厚的片，切成方形，用叉子扎些小孔，刷上牛奶，放入烤盘内，在250度炉温下烤18分钟，呈焦黄色即成。

[提示]出牙期的宝宝喜欢在各种硬的饼干或烤馒头片上磨牙，适当给宝宝吃些磨牙食品，可以帮助练习咀嚼，利于牙齿的生长发育。另外，这种饼干营养丰富，牛奶是钙的良好来源，蜂蜜有补养功效。

果酱薄饼

[原料]面粉60克，鸡蛋2个，牛奶150克，肥肉一小块，精盐适量，黄油15克，果酱适量。

[做法]面粉放入碗中，磕入鸡蛋，用竹筷搅拌均匀，再加上精盐和化开的黄油、牛奶搅匀，搅约20分钟成为面糊；锅置火上，用肥肉把锅四周抹一下，倒入一汤勺面糊，使面糊在锅的四周均匀分布，待一面烙熟后，再翻过来烙另一面至熟；按同样方法烙出第二张、第三张，直到烙完为止。在薄饼上放一点果酱，卷起来即可食用。

[提示]此饼含有丰富的蛋白质、糖类、脂肪、钙、磷、铁、锌及维生素A、维生素B_1、维生素B_2、维生素C、维生素D、维生素E。

患病的宝宝饮食

宝宝生病，特别是腹泻或发热时，常常不爱吃饭，营养的吸收也减少。如果经常生病，宝宝就会因为缺少营养造成生长发育不良。

当宝宝患病时，必须鼓励宝宝适量进食。要想做到这一点，在宝宝食欲不好、不愿意吃东西时，可能是非常困难的。母乳是患病婴儿最好的食物，如果宝宝不能自己吮吸乳汁，妈妈应当把乳汁挤出来，放在一个干净的碗里，拿小勺喂给宝宝吃。

已添加辅助食品和已经断奶的宝宝，可以为宝宝提供他们喜欢吃的食物，通常应当是细软、容易消化吸收的食物，每次少吃一点儿，尽可能多喂几次。

生病时，对宝宝的饮食选择，应注意根据宝宝的病情和身体状况及时制作适宜的食物。

1. 宝宝病情较重时

父母可喂些米汤、豆浆、牛奶、蛋花汤等较稀的流食，每日喂6~7次。

2. 待宝宝病情稍好些时

可改喂细软的食物，如稠粥、面条、包子、馄饨、鸡蛋羹（蒸鸡蛋）、瘦肉末、鱼肉、豆腐，还可给予切得很碎的黄色或深绿色蔬菜，如胡萝卜、南瓜、菠菜、小白菜和水果等，每日以喂5~6次为宜。

3. 宝宝病好后

要注意给其及时补充营养，需要每日增加一餐，至少持续一周。病后合理喂养，有助于防止宝宝体重下降和营养不良。

4. 通过预防疾病而保护儿童的正常生长也是重要的措施

在出生后的4~6个月，采用纯母乳喂养，然后逐渐添加其他食物，并继续喂母乳；宝宝1岁以前，必须完成基础免疫；到厕所大小便，并保持手、食物和厨房的清洁卫生。

5. 宝宝患病期间的喂养

患病期间，宝宝可能不想吃东西，但尽量要喂给宝宝按年龄需要推荐的食物种类，即使宝宝每次可能吃得不多。

①婴儿小于4个月时，如果是全母乳喂养，只要宝宝想吃，不分白天黑夜用母乳喂养宝宝，24小时不少于8次，不要给宝宝吃其他的食物或者液体饮料。

②4~6个月的婴儿，只要宝宝想吃，可以不分白天黑夜地用母乳喂养宝宝，24小时不少于8次。如果宝宝对半固体食物感兴趣，或母乳喂养后宝宝仍明显饥饿或体重增长不明显时，要添加辅助食品。可在喂母乳后，每日喂辅助食物1~2次，如3勺米粥、1/4到半个蛋黄、3~6勺果泥等。

③6~12个月的婴儿，只要宝宝想吃，就喂母乳。给宝宝添加适宜的辅助食物，例如稠米粥、面条（加糖或加油）、牛奶、蛋羹、豆腐、鱼肉、蔬菜泥等。若是母乳喂养，每日添加3次辅助食品；若是非母乳喂养，每日添加5次辅助食品。

④12个月至3岁的宝宝，只要宝宝想吃，就喂母乳。需要给宝宝添加

适宜的辅助食品。例如水果、稠米粥、软米饭、面条、馒头、牛奶、蛋羹、豆腐、肉、鱼、血豆腐、水果、蔬菜等，或每日5次家常饭。

⑤3岁以上宝宝，每日给予家常饭3次。在两餐之间，给予加餐食物，例如，饼干、酸奶、鸡蛋、水果、胡萝卜、核桃等。

2 Chapter 能力篇

让宝宝学会独立

3岁看大，不仅是看身体，在现实生活中，人们最关注的另外一个问题就是宝宝会做什么了。你的宝宝会自己吃饭穿衣服吗？他会帮你做家务吗？他讨人喜欢吗？……这一连串的问题可归纳为一个问题："你的宝宝能干吗？"一个能干的宝宝不仅要身体好，还要讲礼貌、关心他人、有艺术观察力、具备欣赏力与创造力……

事实证明，只要采取正确的培养方法，你的宝宝很可能就会成为一个"天才宝宝"！

3岁，自立的最佳时期

3岁宝宝开始有了独立的能力，喜欢尝试着自己做事情。

从这时就要注意宝宝的自立能力培养，如教宝宝自己用勺吃饭、自己穿脱衣服、自己学着洗脸洗手等。宝宝刚开始学习做事时，手上动作还不协调，有时会搞得乱七八糟，家长不要责骂他，这样会挫伤宝宝的积极性。

那么应该怎么办呢？首先应加以鼓励和表扬，如说："宝宝真能干，会帮助妈妈做事了。"让宝宝感到"被接纳"和"认可"，然后再教他怎么做，并给予一些必要的帮助。如穿衣服时先把上衣给宝宝披上，让他自己伸手抓住衣领往后一披再穿袖子，这样使他体验到成功的欢乐，意识到自己的力量，从而更激励他主动学习。宝宝学习的过程中，家长如果嫌宝宝慢、麻烦，而一切代劳或过分溺爱，就挫伤了宝宝独立意识的萌芽，使他们养成一切依赖于别人的习惯，这对宝宝是害不是爱。

自立能力的培养也是锻炼生存技能的过程，是培养劳动观念的过程，这对宝宝今后的学习和生活，对适应复杂的社会都是十分有益的。

培养宝宝的自立能力，首先是让宝宝掌握自我服务的本领，随着宝宝年龄的增长和各系统功能的成熟，他能逐渐学会各种生活能力，同时随着语言和自我意识的发展，宝宝也会表现出愿意独立的倾向。

这是宝宝3岁时期的共同特性，家长要因势利导，从小培养宝宝自己料理生活的各方面能力，因为三岁就意味着人生的一个开始，一次转变。

培养能力全面的天才宝宝

专家认为，每个宝宝一出生就具有种种潜能，能力水平也相差无几。从这一点来看，大多数宝宝成为"天才"的概率都是相同的！不同宝宝各种能力的强弱、组合不同，能力的具体表现也就不同，这就让不同的宝宝在不同的领域展现出自己独有的优势。比如有些宝宝擅长绘画，有些宝宝则擅长写作，有些宝宝将来会成为音乐家，有些宝宝则会成为政治家。但是，这并不意味着只要任由宝宝自主发展就可以成为"天才"。严格来说，宝宝的这些能力还只是"潜能"，还需要经过适当的训练才能成为才能。对于先天基础差不多的宝宝来说，后天的教育培养更重要。所以，只要你采取了正确的教育方法，培养出"天才"就不是梦！

目前最新研究认为，人类的能力最少有八个方面，分别代表了每个人所具有的八种不同的能力，它们分别是：肢体—运动能力、自然观察能力、语言能力、逻辑—数理能力、音乐能力、视觉—空间能力、人际交往能力、内省能力。宝宝从一出生就拥有这八种潜能，当家长对这八项潜能进行恰当的训练后，宝宝的能力才有可能发展到较高水平。宝宝各种能力组合的方式不一样，表现出的能力状况也就不一样。通过不同的方式进行能力的组合和运用，宝宝就可以完成不同的任务，解决不同的问题。综合能力培养观，既注重了基础素质与个别能力的综合培养，又注重了能力的具体实践，是一种较为全面的能力观。根据这种观点，每一对父母都可以发现自己宝宝的闪光点，并有针对性地进行培养，从而使能力发展达到最佳效果。

下面让我们对综合能力的各个方面作具体的介绍。

1. 肢体—运动能力

肢体—运动能力是指人能良好地控制、运用自己身体各部位和掌握操纵物体的能力，包括身体的平衡、协调、敏捷、力量、弹性和速度等方面。具有良好肢体—运动能力的宝宝会有以下表现：

擅长一种甚至多种体育运动；

动手能力强，喜欢做手工；

喜欢模仿他人的动作和言谈举止；

不愿长时间坐定。

培养宝宝的肢体—运动能力将使宝宝更灵活地操纵物体，运用整个身体或身体的一部分解决问题或制造物件以及运用身体动作表达思想和感情。

肢体—运动能力突出的宝宝成年后偏重于以下职业发展方向：演员、舞蹈家、运动员、健身教练等与身体运动相关的职业。

2. 自然观察能力

自然观察能力是指人认识自然、了解外界事物并对事物进行分类和改造的能力。具有良好自然能力的宝宝会有以下表现：

喜欢收集大自然中的物品（树叶、岩石、蛇皮等）；

喜欢和宠物接触（狗、猫等）；

喜欢去动物园、水族馆或者花园；

喜欢和家里人一起去野营；

喜欢在花盆或阳台上养花草。

培养宝宝的自然观察能力能使宝宝喜爱自然，学会观察外界变化，了解外界事物的相互关系，对事物具有敏锐的观察力和强烈的好奇心。

自然能力突出的宝宝成年后偏重于以下职业发展方向：动物学家、植物学家、生态学家、地质学家、天文学家和航海家等与大自然息息相关的职业。

3. 语言能力

语言能力是指人理解和运用语言的能力。具有良好语言能力的宝宝会有以下表现：

善于与人沟通、交流；

擅长记忆人名、地点、日期或其他琐事；

具备编写故事的才智；

写作能力较一般同龄宝宝高；

喜欢阅读和听故事、广播等。

培养宝宝的语言能力能使宝宝喜欢阅读，喜欢写作，会用语言准确表达自己的意愿，更容易学会外语。

语言能力突出的宝宝成年后偏重于以下职业发展方向：律师、演说家、作家、记者、节目主持人和播音员等与语言文字相关的职业。

4. 逻辑—数理能力

逻辑—数理能力是指人认识数量关系和形状、顺序概念并进行逻辑分析推理的能力。

具有良好逻辑—数理能力的宝宝会有以下表现：

对因果关系比同龄宝宝更易理解；

思考方式比同龄宝宝更抽象化、概念化；

喜欢把事物分类；

喜欢思考智力难题；

喜欢玩象棋或其他策略性游戏；

心算速度快；

会对新鲜事物提出很多问题。

培养宝宝的逻辑—数理能力将使宝宝更敏锐地发现问题，并理清问题之间的关系，最终解决问题。

逻辑—数理能力突出的宝宝成年后偏重于以下职业发展方向：数学家、会计师、统计学家、科学家、电脑技术员和工程师等与数学和逻辑推理相关的职业。

5. 音乐能力

音乐能力是指人对音高、音调、音色、节奏等的敏感性以及感受音乐、创造音乐的能力。具有良好音乐能力的宝宝会有以下表现：

声线佳，歌声动听；

能够发觉音乐走调和拍子错误；

说话时很有节奏感；

擅长弹奏乐器；

对外界噪声很敏感；

经常在桌上不自觉地打拍子。

培养宝宝的音乐能力能使宝宝的举动更有节奏感，学会清楚地辨别音准和节奏并用音乐表现自己的情感、情绪和观点。

音乐能力突出的宝宝成年后偏重于以下职业发展方向：作曲家、演奏（唱）家、指挥家、音乐评论家、调琴师和音乐教育家等职业。

霍华德·加德纳教授曾经说过："在个体可能具有的所有天赋当中，

音乐能力是最早出现的。"宝宝一出生就有听觉反应，他喜欢听所有悦耳的声音。

6. 视觉—空间能力

视觉—空间能力是指能准确地看出色彩、线条、形状和空间等视觉要素以及它们之间的关系，并将所感觉到的表现出来的能力。具有一定视觉—空间能力的宝宝会有以下表现：

喜爱艺术活动，绘画表现出色；

喜欢玩立体模型；

阅读时能从图画中获取比文字更多的信息；

理解地图、图表能力强；

方向感强，不易迷路。

培养宝宝的视觉—空间能力，能使宝宝通过美术活动表现自己的意愿和希望，培养宝宝的想象力、创造力以及对艺术的感受力。由于没有任何束缚，儿童在视觉—空间方面的表现往往比成人更自由、更丰富，常常会令大人们自愧不如。

视觉—空间能力突出的宝宝成年后偏重于以下职业发展方向：室内设计师、建筑师、摄影师、画家、飞行员和工程师等与视觉—空间相关的职业。

7. 人际交往能力

人际交往能力是指一个人察觉他人的情绪和意向，辨别不同的人际关系，与他人良好交往的能力。

具有一定人际交往能力的宝宝会有以下表现：

爱跟小伙伴交流沟通；

在同龄小朋友中表现出领袖能力；

喜欢参加课外活动；

喜欢给其他小伙伴提建议。

培养宝宝的人际交往能力，能使宝宝拥有良好的社交技能，更好地理解人与人之间的关系，更好地融入社会之中。宝宝主要是在与人交往的过程中锻炼自己的沟通能力的，所以一定记住多跟宝宝交流。

人际交往能力突出的宝宝成年后偏重于以下职业发展方向：政治家、外交家、推销员、管理者、公关人员和心理医生等社会交往较多的职业。

8. 内省能力

内省能力是指人了解自己，控制自身情绪，建立自信心，进行自我分析和反思的能力。具有一定内省能力的宝宝会有以下表现：

独立，意志坚定，拥有强烈的自尊心；

清楚了解自己的优点和缺点；

自我目标明确；

能从生活的成功和失败中总结经验教训；

生活方式和学习方式与众不同。

培养宝宝的内省能力能帮助宝宝养成自信、自尊和自强的良好品质，建立正确的自我意识和正确的是非观、价值观和道德观，并在实际生活中有效地运用。三岁前宝宝的内省能力还不突出，到了三岁，就是宝宝自我意识发展的重要时期了。

内省能力突出的宝宝成年后偏重于以下职业发展方向：小说家、政治家、心理学家、哲学家和教师等与心理分析相关的职业。

现在你已经对宝宝的综合能力有了一个总体的了解，相信你也已经感觉到了宝宝综合能力具体、细致和易于观察的特点了。

那么，看看你的宝宝都有哪些方面的潜能吧！

宝宝早期心理及性格

早期的养育方式对儿童性格形成的深刻影响还未能引起人们的足够重视。父母常常抱怨自己的宝宝天生胆小、娇气爱哭，却没有意识到恰恰是父母自己无意中以错误育儿方式养成了宝宝的这些毛病。培养良好的性格品质应该从婴儿抓起，从建立良好的生活习惯着手，这些先入为主的习惯就是宝宝日后的生活习性。

从宝宝一出生起，就应通过诸如睡眠安排、饮食安排、排泄训练、自理能力训练等着手培养宝宝良好的生活习惯。

父母所表现出的情感交往方式，直接影响着儿童性格。父母的情感态度对宝宝性格的导向作用非常明显。现代父母的情感流露比以往具有更高的频度、强度及显露度，这也是弱化宝宝性格的重要原因。父母各方面都宠爱宝宝，使宝宝在娇宠中变得批评不得，甚至父母声音稍高一点时，宝宝也会因此受惊而大哭不止，显示出极度脆弱的性格特征。娇气的宝宝多缺乏足够的心理承受力，如果在非家庭环境中受到挫折，则容易出现心理障碍。

培养宝宝良好的个性品质，不仅要从生活习惯抓起，还应从身体锻炼抓起。许多父母把宝宝的身体健康寄托在各种进口的食品与药品上，而不是让宝宝在阳光和新鲜空气中锻炼身体，以提高自身的抵抗力与免疫力。重饮食轻锻炼的育儿方式，使宝宝的性格具有明显的惰性特征，身体上的惰性表现为好吃懒做、好静懒动，精神上的惰性表现为缺乏靠自身能力解决问题的内在动力。

父母的过度保护会影响孩子良好性格的养成。这种过度保护表现在各个方面，如让宝宝吃穿过多，替宝宝包办过多，对宝宝的正常活动限制过多，对宝宝过于宠爱甚至溺爱等。父母过度保护的心理根源，则是出于对宝宝的过度担心，基于这些担心与忧虑导致了采取具有"过度"特征的养育方式。

父母过度担心的心理状态通过面部表情及言行举止显露出来，对宝宝起到消极的暗示作用。不少父母在宝宝想参加某项活动之前，就向宝宝列举自己的种种担心，从而使宝宝产生了恐惧心理，并因此畏缩不前。年龄越小的宝宝越易受暗示，父母的性格特点极易以心理暗示的方式传导给宝宝。

良好的性格是在宝宝参与实际生活中锻炼出来的，如胆量、意志力、独立性和自信心等性格品质，都是在经历挫折、困难的过程中慢慢培养起来的。过度保护型的养育方式却剥夺了宝宝经历这一切的机会。从性格培养来看，父母最该学习的便是如何巧妙地、合理地为宝宝提供经历各种困难的机会，以便帮助宝宝增强自身力量，用以解决各年龄阶段所面临的问题。

父母科学的早期养育方式对宝宝良好性格的养成有着极其深远的影响。

独睡是锻炼独立的第一步

3岁的儿童自我意识及独立性开始萌芽发展，很希望有机会单独做事或被看作是个大人，这种意识能增强儿童的自信心，锻炼儿童的意志。成人应理解并满足儿童这种心理，积极为他创造条件，从小培养和锻炼儿童的独立能力。让宝宝从小独睡，对培养其独立性，减少对成人的依赖有积极的意义，应该提倡。

这个年龄的儿童已能在成人的帮助下，学习自己穿脱衣服、铺被子、自己关闭电灯，然后静静地睡，这是锻炼独立生活能力很好的机会，成人应该及时鼓励，对于做得不妥当的地方不应求全责备，重要的是这体现了儿童的独立意识。

由于儿童年龄小，仍有照顾自己不周全之处，大人要给予关怀和一定的帮助。首先是一定要保证儿童的安全和健康。儿童床应有护栏，冬季被子宽大些不易踢开，有些宝宝有尿床的毛病，还应按时叫醒他们起来小便。宝宝刚开始练习独睡时，成人要注意观察宝宝的睡眠情况，及时发现并解决问题。通过锻炼，宝宝的独立生活能力将日益增强。

夜间睡眠有学问

正像在成年人中看到的那样，人有各种各样的睡型，有的人一进被窝就呼呼入睡，有的人则要经过20~30分钟后才能睡着。睡型是从宝宝时期开始养成的，能马上入睡的宝宝，用不着别人多费心，而对不能踏踏实实入睡的宝宝，就要用各种办法促使其入睡。

3岁期间，许多宝宝喜欢咬着手指头睡觉，其中有不少宝宝在婴儿期就是吮吸着母亲的乳头睡觉的。到了1周岁，应该断奶了，于是就开始吮吸手指头了。爱咬手指头的宝宝到了3岁时，基本上都能改掉这个毛病，这是因为睡在母亲身边得到充分安慰而成长起来的缘故。从进入被窝到入睡，如果看不到母亲，许多宝宝就会咬枕巾、被角。这是他们把枕巾和被子看成是妈妈的代理人了，枕巾和被子再脏，他们也会咬住不放。随着年龄的增长，这样的宝宝也会渐渐不咬了，只是用手握住枕巾和被子就能入睡了。有的宝宝每天晚上要让妈妈睡在身边，给他讲些小故事，如果这样宝宝能很快入睡的话，不妨就这样做下去。

让宝宝去幼儿园的家庭，有的父母会因为宝宝夜里很晚也不睡而为难。宝宝由于白天离开了父母，夜里就想与父母多玩耍一会儿，但是如果到11点甚至12点还不睡的话，就会影响宝宝及父母的休息。虽然到10点左右全家人都熄灯上床了，但由于宝宝哭闹，最终父母不得不让步。这种时候，父母一定要坚决，到10点，一旦关灯了，就要安静入睡。过4~5天后，宝宝也就习惯了。

怎样对待宝宝排泄

宝宝的饭量和次数有规律，大便的排便时间也基本上是有规律的，大都是在早晨起床后，或者早饭过后排便，但也有在午睡后排便的。

大小便如果有一定规律，当母亲的就可以估计着时间提醒宝宝排便，宝宝大都能够服从，所以不必绞尽脑汁去教宝宝排便。

在3岁期间，白天可以给宝宝取下尿不湿。但是，晚上要不要垫尿不湿，这要看各小孩的不同情况。有的宝宝临睡前尿了，一直到第二天早晨一夜不尿；还有的宝宝临睡前尿过一次，半夜哭闹要尿尿，让他再尿一次后就一直睡到第二天早晨，这样的宝宝并不是母亲教会的，而是生来就是如此。

对待在睡前就尿了尿，半夜里还会在睡梦中尿床的宝宝，最好给他带尿不湿。对这样的宝宝，是在夜里叫醒他小便一两次好呢，还是不叫醒他，等到母亲醒来换掉尿不湿好呢，这就要由母亲的体力来决定了。

无论是半夜起来两三次给宝宝把尿，还是等到宝宝尿湿啼哭以后再给换尿不湿，都不能改变可以撤尿不湿的时期。如果排尿的间隔变长，能够等到第二天清晨，这样就自然解决了。这尽管是最好的解决办法，但是有宝宝长到七八岁夜里还要小便两三次，其中以男孩居多，这就是所说的夜尿。即便用闹钟在半夜里把母亲叫醒给宝宝把尿，也不能防止夜尿。由于夜尿迟早会改掉，当母亲的不要过于神经质地半夜起来把宝宝叫醒把尿。

3岁时，由于不能在夜间醒来告诉要小便的宝宝很多，所以即使尿床了，也不能说是夜尿症，带宝宝去看医生也没有意义。

鼓励宝宝自己穿、脱衣服

　　我们常会看到一些已上学的独生子女不会系鞋带，不会穿裤子，这都是因为家长溺爱、事事包办的结果。其实宝宝3岁多就有了自我服务的倾向，家长应该因势利导，教会他自我服务的本领，培养其生活自理能力。这不仅能增强宝宝的独立性，而且能够让宝宝的两只手变得更加灵巧，而手的活动又能促进脑的发育。

　　两三岁的宝宝能学习哪些自我服务的本领呢？

　　学习穿衣：一岁多的宝宝已会脱衣但不会穿；两岁以后逐渐会穿鞋和短裤，并能在家长的协助下穿衣；三岁时已能自己穿衣系扣了。宝宝在学习穿衣的过程中，家长一定耐心指导、协助，如穿裤子时告诉他先把裤子的前面朝上放好再伸腿；穿衣时先用两手抓住衣领披到身后再伸两袖；系衣扣时从下往上系以免对不齐；教他如何分清鞋子的左右，等等。宝宝衣服穿乱套了就帮他整理好重新穿，这样做会使宝宝感到成人对他的信心和支持。相反，如果父母训斥宝宝或要求过高，会使宝宝失去学习的信心和兴趣。

　　让宝宝自己穿、脱衣服，是培养宝宝生活自理能力的一个重要方面。开始他可能穿不好，裤子穿反了，两条腿伸在一条裤腿里。有的宝宝着急，一次没穿好就没有兴趣了，甚至哭着不学了。在这种情况下，家长要鼓励宝宝穿不好重穿，不要着急。

为了鼓励宝宝自己穿、脱衣服的兴趣，也防止把衣服穿反，给宝宝买衣服的时候，可以买些有前后标记的衣服，如上衣胸前有他喜欢的小动物，裤子前面有口袋或膝盖上面有图案，使宝宝容易识别前后。

宝宝过度依赖父母怎么办

宝宝在出生后的头一两年生活不能自理，吃、喝、拉、撒、睡都需要家长照料，此时宝宝对家长的依赖是正常现象。随着宝宝年龄的增长，身心发育日趋完善，拥有越来越强的独立意识，从这时开始家长就要注意宝宝独立性的培养，比如让他自己吃饭、穿衣，自己洗手洗脸等。但有些宝宝到入学年龄甚至更大年龄，生活还不能自理，事事都要依赖家长，这是什么原因呢？

除了一些智力低下的宝宝外，正常宝宝依赖性的产生与生活环境密切相关。许多做父母的宁肯自己吃苦，绝不让宝宝受累。他们把本来是宝宝自己做的事情全部"承包"下来，即使宝宝自己要干，他们也觉着宝宝笨手笨脚，干不好反而添乱，还不如自己帮他干了省事。有这种心理的父母，原本是想省事，但是这种做法致使宝宝从小养成了依赖心理，事事依靠大人，缺乏生活自理能力和劳动观念，从健康养育的角度来说，根本不是省事而是费心费力。用时下流行的话说就是"父母为孩子走的路，最后都成了坑"。

要培养宝宝的独立意识应从一点一滴做起，凡是宝宝自己能做的事放手让他自己去做，不要怕他做不好，做坏了不要去责骂他，家长要加以引导，比如训练宝宝自己收拾玩具、整理自己的小衣柜等。家长可以在一旁指导或示范，鼓励宝宝有始有终地把事情做好，只有这样动手实践，切身体会，才能让宝宝的独立意识生根发芽。

宝宝入托前的准备

　　为了培养宝宝良好的社会适应能力，尽早学会与人相处的能力，让宝宝参加集体活动是非常必要的，幼儿园恰恰是最早对宝宝进行集体教育的地方，所以宝宝到了3岁就可以考虑入幼儿园了。宝宝初去幼儿园由于环境的生疏，常会在生理和心理上产生一些不适应，如饮食减少、睡眠不安、情绪不稳定、不说话，甚至拒绝进食。为了预防宝宝出现这些情况，让宝宝愿意入园，父母可以提前做一些准备：

　　①日常生活中带领宝宝多与邻居的宝宝玩耍和交往，让宝宝学会和别人相处，为过集体生活做准备。

　　②加强宝宝独立生活的能力，如学会自己洗手洗脸、吃饭、穿脱衣服、独立睡眠等。这样入托或入园后，宝宝会少碰到一些生活上的困难。

　　③了解一下幼儿园的作息制度和要求。入园前就让宝宝在家照这个作息制度生活一段时间，入托后会更快地适应新生活。

　　④入托前几天多带宝宝到幼儿园玩，熟悉幼儿园的环境，和幼儿园的小朋友一起做游戏，唱歌跳舞，让宝宝喜欢集体生活。家里的谈话要围绕幼儿园的优点进行，也要和宝宝讲为什么要入园，让宝宝自愿去幼儿园。

　　做过以上准备后，宝宝入园就基本上不会碰到什么麻烦。当然也不要忘记物质方面的准备，如毛巾、衣服和被褥等，按照园里的要求准备好。

自然能力让宝宝视野更开阔

现如今，城市建设突飞猛进、高楼林立，宝宝们整天待在屋子里，没见过小麻雀，没在河里捞过鱼，不认识田里的稻谷、蔬菜……与上一代相比，他们缺少了许多与大自然接触的机会，也缺少了许多自然常识。但事实上，每个宝宝都是天生的自然观察家，他们喜欢接触自然、回归自然。这样做一方面能带给宝宝快乐和活力，让他养成一颗珍惜生命的善良之心，另一方面也可以开阔宝宝的眼界。只有热爱自然的人才会热爱人生，扼杀宝宝的自然能力，带给宝宝的将是永久的伤害。

1. 让宝宝接触大自然

宝宝会走路了，就常想到室外去玩，一听见妈妈说"上街啦"就赶紧往门口跑，一旦出门的希望落了空，就会又哭又闹。现代的父母工作、生活压力大，没那么多时间经常带宝宝出去玩。那么你是怎么"应付"你的小宝贝的呢？给他买很多图画书？给他买一大堆玩具？还是让他不停地看电视？但是你知道吗，无论什么都不能代替大自然对宝宝的影响，绝不要把宝宝隔离在自然世界之外！

让宝宝接触大自然其实并不难：平时一有空就带宝宝出去散散步，让宝宝看看今天天气如何，公园里的花草树木是不是又长高了一点儿，别人牵着的小狗真是可爱……到了节假日，可以全家一起去动物园、水族馆，看看多姿多彩的"动物世界"；或者去野营，到野外去体验一下原生态的自然环境……这不仅可以培养宝宝的自然能力，还可以增长他的见闻，锻炼他的体魄。

也许你实在太忙，每天单位、家里两点一线，挤不出时间和宝宝一起到大自然中去。没关系，照样有办法！给宝宝买一棵小盆栽，让宝宝仔细观察它的生长情况，并做好记录。每天你都可以向宝宝"打听"一下："宝宝，你的小盆栽今天怎么样啊？"宝宝一定会很高兴地告诉你它的变化！或者，在家里养一个小动物，也不需要费心照顾的，一条金鱼或者一只乌龟就不错。教宝宝喂它食物，观察一下金鱼喜欢吃什么，小乌龟为什么要把头缩回去……这些细节都很有趣，能让宝宝兴致盎然。这些不仅可以充实宝宝的生活，还能够培养宝宝的观察力，让宝宝体会到生命的可贵，学会珍惜生命、照顾生命。

当然，只让宝宝待在家里还是不够的，这只是退而求其次的方法。要想最大限度地培养宝宝的自然能力，最好还是将以上两方面结合起来，既要创造一个充满自然气息的家，更要让宝宝多到户外接触大自然。

2. 做喜欢大自然的父母

你喜欢户外活动吗？喜欢接触动植物吗？我们都知道，父母对宝宝的影响是非常大的。要想让宝宝喜欢大自然，首先就要让宝宝知道你也一样喜欢大自然。"做喜欢大自然的父母"包含两方面的意思：

一是培养自己的自然能力。妈妈爱养花，宝宝也会对种植感兴趣；爸爸爱野营，宝宝也会喜欢在户外玩耍……你们的喜好会对宝宝产生巨大的影响，在这一点上，自然能力培养与其他能力培养都一样。一方面，良好的家庭氛围会在潜移默化中改变宝宝的生活；另一方面，宝宝在没有爸爸妈妈陪伴的情况下是无法独自进行户外活动的，如果你习惯于整天待在家里，宝宝怎么有机会走出家门，他的自然能力又怎么能得到锻炼呢？

二是培养宝宝的自然能力。在一项调查中，有的宝宝说："爸妈只想让我待在家里，如果我去外面玩就会挨骂。"担心宝宝发生事故、希望宝宝把时间花在特长培训班上、怕宝宝被别人欺负……你是不是也因为各种原因而选择了把宝宝关在家里？培养宝宝的自然能力，不仅不应该阻止宝宝走进大自然，还应该教会宝宝怎样融入大自然！

3. 激发宝宝的兴趣能力

宝宝天生喜欢亲近自然，但也有一些宝宝性格内向，胆子小，害怕走出家门；有一些宝宝沉湎于家里的玩具和电视节目，不愿走出家门。如果你家的宝宝也有类似情况，就需要你对他进行有意识的引导：可以给他讲一个好听的故事，故事中有对美丽自然的生动描写；可以和宝宝谈谈天气，说说绚丽的晚霞；还可以问问宝宝："为什么猫咪的眼睛一会儿大一会儿小呀？"……诸如此类的方法，都可以引导宝宝去观察，慢慢培养起宝宝对自然的兴趣。

4. 培养宝宝的观察能力

宝宝都有强烈的好奇心，但是光靠这种自发的、无序的好奇心是无法自觉、准确地发现自然现象、掌握自然的本质和规律的。因此，要想在培养宝宝自然能力的过程中事半功倍，就得让宝宝学会观察和思考。你可以提醒宝宝注意那些特别的自然现象，比如冰雹、彩虹等。

让宝宝学会观察自然界的一草一木，激发他对大自然的喜爱与探索等，让宝宝发现其中的规律；你可以让宝宝观察不同时间的日光月色、不同季节的草木虫兽，引导他发现其中的变化……宝宝需要你为他指点提示，教给他观察的方法，为他独立认识自然打下基础。

5. 培养宝宝的动手能力

比起城市里的宝宝，生活在农村的宝宝对大自然更亲近、更熟悉，最重要的原因就是他们具有融入自然、改造自然的主动性。他们了解桃树生长、开花、结果的全过程，是因为他们亲手种过桃树；他们了解鸡鸭牛羊的生活习性，是因为他们亲手喂过那些动物……从中我们可以明白一个道理，要想让宝宝真正地热爱自然、融入自然，动手实践是必不可少的。当然，城里的宝宝不可能拥有太多直接动手的机会，你应该为宝宝创造机会：给大一点的宝宝提供种一盆花、植一棵树、养一只猫的条件；提供去乡下感受、去农村锻炼、去田野劳动的机会……通过自己的劳动，美丽的花草蓬勃生长，可爱的小动物活泼健壮，这会让宝宝充分体验到劳动的愉快，感受到与大自然融为一体的乐趣。

内省能力让宝宝更独立

　　不少专家认为，内省能力是宝宝所有能力中最重要、最应该重点培养的能力。只有具有相当的内省能力，一个人才能了解自己的长处和短处，才能知道自己需要什么，才能合理调配其他能力来完成任务、达到目的；即使自己在其他能力上有所不足，也懂得怎样扬长避短，不断进步。

　　假如内省能力很差，人就很难看到自己的缺点，一次次犯下相同的错误。相比之下，一个内省能力强的人会比一个内省能力弱的人更容易成功。培养内省能力不仅是最重要的，也是最困难的。要让认知能力、判断能力都还不完善的宝宝认识自己、了解自己，学会自我反省、自我纠正，其难度是非常大的。因此，既需要父母掌握正确的方法，也需要投入更大的耐心与热情。

　　培养宝宝的内省能力，需要父母对宝宝进行耐心、积极的引导，让宝宝能够认识、判断自己的行为，并逐渐让宝宝形成发现问题、分析问题、解决问题的思维模式，提高处理问题的能力。

　　想要让宝宝更独立，首先要学会做有耐心的父母。宝宝不可能一辈子生活在父母的羽翼之下，他需要独立的意识和成长的磨炼，过度的保护只会让他永远无法长出坚硬的翅膀。你应该培养宝宝面对挫折的勇气，训练他处理问题的能力，教会他认识自我、发展自我，让他成为一个自立的人。

培养宝宝的内省能力是一项长期、烦琐和细致的工作，教会他生活自理，让他认识自己的性格，教他控制自己的情绪，这都需要你耐心的指导和积极的帮助。

1. 晓之以理

如果宝宝已经对父母产生了依赖心理，把懒散当作了习惯，你就要对他晓之以理，让他明白生活自理的重要性。你可以告诉他："为了让家更舒适，让宝宝生活得更好，爸爸妈妈每天辛苦地上班，回到家还要做很多家务。如果宝宝能帮爸爸妈妈的忙，做一些力所能及的事情，就能让大家的生活更加轻松、快乐。"要让宝宝感到自己是家庭的一分子，应该为家庭做一些事情，从而逐步养成自己的事自己做的习惯。

2. 教之以事

对小宝宝来说，单讲道理往往是劳而无功的，宝宝的思维水平还处在具体形象阶段，只有通过一件件具体的事情，鼓励他去尝试，适当地给些示范和帮助，才能逐步得到令父母满意的结果。多次积极经验的积累，宝宝渐渐就明白自我提高是个充满成就感的过程，就会乐于不断努力。

3. 不厌其烦

培养宝宝内省能力，尤其是生活自理能力需要家长格外有耐心。比如，教宝宝穿鞋，你要先教给他正确的方法，为他做示范，再细心观察他自己操作的情况，给予鼓励和帮助，对出现的错误及时纠正。急躁的父母会说："这么麻烦，你总也学不会，太耽误时间，还不如我给你穿呢。"宝宝的生活能力是在长期的训练中锻炼出来的，父母切不可急功近利。

4. 持之以恒

一旦宝宝开始独立做某件事情，就要坚持一直做下去。特别要注意的是，不能在幼儿园里宝宝自己能做的事，回到家就由家长代办。只有老师、家长协调一致、共同要求、反复强化，才能促进宝宝能力的健康发展。

5. 感情流露的强弱要适度

害怕挫伤宝宝的自信心，当宝宝稍微有点进步就欣喜若狂、赞不绝口，长此以往就会助长其自满情绪；为了防止宝宝骄傲自满而从不夸奖他，即使他取得了成绩也不在语言、行动上做任何表示，这样只会挫伤他的进取心。所以，表扬要做到感情流露适度，要知道，一个赞许的微笑也许比一大堆赞词更加合适。

表扬和批评的反差要适度，一分钟之前还在夸奖宝宝聪明能干，一分钟之后就说宝宝太笨，什么也不会做。这样会使宝宝产生疑惑："到底我是聪明还是笨呢？"有的家长为了督促宝宝进步，常常拿别的宝宝来与自己的宝宝做比较，过分夸大别的宝宝的优点。这种做法也是不可取的，很容易使自己的宝宝丧失信心或产生抵触情绪。

6. 表扬方式虚实适度

对宝宝的评价应该是公正、准确的，但作为教育手段，表扬的方式可以虚实结合、灵活运用。

"虚"主要体现在两个方面。一是事实的适度夸张。比如，宝宝纯粹是为了好玩才拿着扫帚扫地，你却不能道破，而应该夸奖他自觉劳动；二是期望的适度夸张。比如宝宝的绘画能力不强，常常表现出自卑感，你可以鼓励他："你只是还没有掌握好方法，只要多练习，说不定会成为画得很好的人呢！"

适度的夸张是必不可少、有利无害的，它能为宝宝指明前进的方向，增强他的自信心。关键是掌握好夸张的"度"，不能过分脱离实际。

3岁宝宝注意力的培养

宝宝长到3岁，很多妈妈会感到困惑，因为宝宝会经常出现做事漫不经心的状态，这是由宝宝的成长特征决定的。世间事物那么多，而宝宝认识的事物又那么少，所以，随着宝宝日常接触事物的增多，就会出现在某一事上注意力不持久的分心状况，这是很容易理解的。当然，除了成长特征之外，宝宝的学习环境、学习内容的趣味性，也是影响他注意力的重要因素。所以，妈妈应在理解宝宝的基础上，探寻宝宝注意力不集中的原因。

让宝宝专心地做一件事

【培养重点】

这里，妈妈可以通过启发宝宝看书、听故事的办法来延长宝宝集中注意力的时间。要提醒妈妈的是，宝宝注意力集中的时间长短有很大的个体差异，有的宝宝时间长一些，有的宝宝时间短一些，这都是正常的。若宝宝集中注意力的时间很短，不要惩罚他，首先应考虑自己启发宝宝的方式是否正确。在对他讲话、教他唱儿歌或给他讲故事时，应尽量使用他能理解的语言。等他长大一点儿，感兴趣的东西多了，能听懂的话多了，集中注意力的时间自然就会延长。宝宝在集中注意力方面取得了进步，应及时地表扬他，鼓励他继续进步。

【培养方法】

走迷宫

道具：迷宫图

步骤：

选取的迷宫图应符合宝宝的智力水平。另外，再邀请一个小伙伴，让他跟宝宝一起来走迷宫，小伙伴的"实力"最好与宝宝相近。宝宝喜欢什么样的卡通人物，妈妈要先了解，在开始走迷宫游戏前，先向宝宝指明，迷宫内有很多小朋友感兴趣的东西，如卡通人物。如果宝宝到达了那个位置，就可以将卡通人物救出。他们将卡通人物救出并一起走到了出口，才算胜利。这样能大大激发宝宝走迷宫的兴趣，让宝宝充分享受成功的喜悦。

作用：走迷宫是一个耗时耗精力的游戏，它需要宝宝长时间的专注。游戏过程中，宝宝的竞争意识建立了起来，并可以锻炼宝宝与人合作的能力。

【测一测】

妈妈可以跟宝宝一起来玩多米诺骨牌（用麻将或其他小木块代替也可以），在玩的过程中，看宝宝是否能做到长时间地集中注意力。首先，妈妈可以先把牌按一定的间距摆好，然后轻轻地推倒第一块牌，让宝宝看着骨牌一块压一块地顺势倒下，给他一瞬间的快感。然后，妈妈就可以引导宝宝自己摆牌。初次摆牌，宝宝一定会觉得相当困难，每次摆牌很容易碰倒前面的牌。这时候，妈妈要鼓励他，把间距适当加大，如果宝宝有耐心，那么慢慢地就能摆得比较长。

3岁宝宝观察力的培养

　　3岁这一时期的宝宝，还不能自觉进行有组织的观察活动。从持久性来讲，他是很容易转移注意对象的，不能持续地观察事物；从概括性来讲，他不善于从整体的角度去发现事物的内在联系，观察比较粗糙和肤浅，概括性比较差。所以，对于3岁的宝宝，妈妈要训练宝宝观察的组织性和顺序性，让他学会把握发展中的事物，并学会多角度观察事物，同时还要注意培养他的独立观察能力。

让宝宝在发展变化中观察

【培养重点】

　　在发展变化中观察，实际就是对事物进行有顺序有步骤的观察。观察植物时，可以从花、叶、根、茎等方面着手去观察；观察人时，可以从这个人的身份、表情、动作、语言等方面着手去观察……

　　这里，需要妈妈教给宝宝一些在发展变化中进行观察的方法。

　　首先是定期观察。比如可以将黄豆种在花盆里，观察它是如何发芽长叶的，妈妈和宝宝一起做观察记录。其次是对比观察。比如在种黄豆的时候再种点别的什么，让宝宝对比着观察。

　　自然界是不断变化的，让宝宝多接触自然，有助于宝宝了解事物的发展变化规律。

【培养方法】

神奇的海绵

道具：一块海绵，一个装了少许水的盆。

步骤：

把海绵给宝宝，让他自己玩耍。当他把海绵放到盆里，发现水不见了的时候，妈妈就可问他："咦，水不见了，宝宝知道为什么吗？"让他自己去捏捏海绵，问他："海绵变湿了吗？"诱导他得出结论：原来水被海绵吸走了。

作用：对于宝宝来讲，这算是一个科学实验探索，它以最浅显的方式让宝宝明白了"事出有因"。

【测一测】

当宝宝对身边的事物发生兴趣时，你有何反应？

反应一：觉得这很正常，告诉他让他产生兴趣的东西是什么；

反应二：会表现出很高兴的样子，详细地向宝宝讲明那个让他感兴趣的东西是什么以及它的材质和用途；

反应三：表现出和宝宝一样的探索兴趣，和他一起探索，直到得出结果。

解读：

做出反应一的妈妈：你不太会启发宝宝进行更高层次的观察。因为让宝宝知道他感兴趣的东西是什么并不能激发宝宝进一步的观察兴趣，你需要欣赏宝宝的观察能力，并跟他一起去探索。

做出反应二的妈妈：你基本能启发宝宝的观察兴趣，能够利用宝宝的兴趣去引导他学习。但是你给宝宝的信息太过直接，这让宝宝观察的过程变成了记忆的过程，容易使他失去探索欲望。

做出反应三的妈妈：你非常会启发宝宝的观察兴趣。有了你的参与，宝宝会备受鼓舞，信心十足地进行观察探索，在感受新事物的同时认识新事物。

3岁宝宝记忆力的培养

3岁这个时期，是宝宝记忆力的提高阶段。可尽管如此，妈妈仍然没有必要对宝宝进行课程式的记忆训练，只需抓住日常生活中的事情，潜移默化地练习就可提高宝宝的记忆力。

宝宝2岁之后，就开始有意识地记忆某些事情。这时，妈妈不仅要关注他记住了什么，还应开始对他进行记忆兴趣和习惯的培养，和宝宝一起探索出一套有效的记忆方法，如联想法、类比法等，让宝宝清楚、仔细、完整地了解事物，这才能使事物在宝宝脑海中停留的时间更长。

分段记忆，让宝宝记得更多

【培养重点】

这里所说的分段记忆，实质上就是悄悄地为宝宝规定记忆任务——完成一项任务之后，可告一段落，休息一下，然后再进行妈妈给宝宝提出的下一项记忆任务。当宝宝完成任务时，要及时给予积极的反馈，这才能在日常生活中提高宝宝记忆的积极性。

去某地游玩之前可以先向宝宝透露他将看到什么，这样，宝宝就会带着这种预想去接触事物。当他接触到了一个他预想中的事物时，也就完成了一项记忆任务。譬如，带宝宝去动物园之前可以告诉宝宝动物园里有哪些动物，各种动物长什么样，去动物园的路上会经过哪些地方。宝宝一步一步接近动物园，一步一步接近他心目中的动物之后，记忆的任务也就一步一步完成了。妈妈在为宝宝讲故事的时候，可以先提醒他注意故事中讲了哪些人、那些人说了些什么话、干了些什么事等。

【培养方法】

讲故事、讲生活

步骤：

在讲故事之前，妈妈要向宝宝提一个与故事内容有关的问题，让宝宝带着问题去听故事。讲完故事后，让宝宝回答你方才提出的问题。若他不能回答，你可以再为他讲一遍。宝宝回答了问题之后，妈妈可再问宝宝一个与故事情节有关的问题，看他能否通过回忆作答，若他答不出，可以将故事再讲一遍。

这种带着问题听故事的方式也可运用到生活中。譬如，第一天早上，可告诉宝宝他今天要完成的两件事情，晚上让他通过回忆检查完成程度。

作用：带着问题听故事，其实就是训练宝宝分目标记忆的能力。而早上计划一整天的事，也有值得宝宝反复去记忆的东西。妈妈可在重复故事的时候，故意讲白天的生活，并在晚上回忆，得前后不一，让宝宝来给你纠错。这也是训练宝宝有目标地进行记忆的方式。

【测一测】

某天，家里要来一些亲戚朋友做客，妈妈可以提前跟宝宝说大概来哪些人。晚上，妈妈可以对宝宝做一番提取记忆的测试。问宝宝：今天来了哪些客人，几个男的，几个女的，他们穿的是什么样的衣服，衣服是什么颜色……若宝宝回答对一半以上的问题，就算达到标准。

3岁宝宝想象力的培养

3岁的宝宝，其想象力异常活跃，他们可以借想象力给任何普通事物赋予独特的意义。比如，看到几片纸屑，宝宝可以说那是过家家时的菜叶，或者说那是买东西时的钱；他还会用手帕为布娃娃擦眼泪，嘴里哄着"娃娃别哭"。这个时候，妈妈可以充分地利用宝宝无尽的想象力，和宝宝一起玩表演游戏，将书中的童话故事表演出来。妈妈也可以鼓励宝宝将自己脑海中想象的事物画到纸上，然后将纸上的东西做成立体的实物，这也培养了宝宝的动手能力。

培养宝宝的场景感

【培养重点】

要培养宝宝的场景感，第一种有效方式就是让宝宝玩表演游戏。

玩表演游戏的第一步需要把一种与表演不相关的物品想象成表演所需的物品，这是3岁宝宝最擅长的想象方式。他们总是会随手拿起身边的某个物品，把它当成另一种物品，使游戏能够顺利进行。比如他们可以用奶瓶给布娃娃梳头，嘴里还会说"我用梳子给娃娃梳头了"；或者他们会把扫帚当马骑，或者用一个方块积木当汽车。

玩表演游戏的第二步需要宝宝在想象中改变自己的身份，进入一种特定的角色。童话故事是发挥宝宝想象力的最优美的工具。妈妈在为宝宝讲故事的时候，要注意讲述的技巧，语气和表情要有想象空间，然后鼓励宝宝根据故事情节将自己想象成不同的角色——只有一个自己，但他可以一会儿做妈妈，一会儿当司机，一会儿又当医生。

【培养方法】

童话剧

步骤：

当宝宝听了一些狼和小羊的童话故事之后，妈妈就可以带宝宝来玩表演游戏。首先分配角色：宝宝演小羊，妈妈演羊妈妈，爸爸演大灰狼。

以屋子里的一条线当作门，让爸爸站在线外做敲门动作，并说："小羊儿乖乖，把门儿开开，快点儿开开，我要进来。"扮演小羊的宝宝站在线内做堵门的动作，并对"狼"说："不开不开不能开，妈妈没回来！"然后，妈妈出现在爸爸身旁，做出赶"狼"的动作，说："坏蛋，快走开！"这时扮演狼的爸爸则要叫着逃跑。

作用：表演不仅培养了宝宝的场景感，表演过程中宝宝能说出应景的台词，也锻炼了宝宝的表达能力。

【测一测】

妈妈先在纸上画出各种几何图形，如圆形、半圆形、正方形、三角形等，让宝宝以这些图形为基础进行想象，在图形上添加形状和色彩图案，画成一个完整形象。成功画出其中两个，则达到要求。

3岁宝宝创造力的培养

随着宝宝生理和心理的成长发育，3岁的宝宝会对身边的事物产生强烈的好奇心，妈妈会发现，他总有问不完的问题。

宝宝会问：车子往前跑的时候，树和房屋怎么会往后退呢？小宝宝要吃东西，小猫咪也要吃东西，要不然就不能长大，树为什么不吃东西呢？当他听爸爸说电视里在报道地震的新闻，同样会产生疑问：“没有人推它，地为什么会动？可以让它乖乖的，不要动吗？”宝宝逐渐对生活中遇到的情况变得好奇起来，这种好奇心是推动创造力发展的巨大动力，是进行创造活动不可缺少的条件。

让宝宝更主动

【培养重点】

宝宝总会在不经意间产生一些不合逻辑、不合实际的想法，并且会尝试将他的想法表现出来，并希望得到你的鼓励。其实，这就是宝宝创造力的表现。比如，宝宝画一辆汽车，但这辆汽车不像普通的汽车，而是长着翅膀在空中飞的汽车。妈妈问他为什么这么画时，他会说：“地面上老堵车，我的车如果有翅膀就能在空中飞。”这就是宝宝为了让汽车避开交通阻塞而做的一番新奇构想，是宝宝创造性思维的实际展现。

3岁宝宝提出的问题和对问题的回答往往千奇百怪，而这正符合创造力所具备的独特性。所以，妈妈不应要求宝宝照本宣科地提出或回答问题，也不要限制宝宝想问题的思维方式。对于宝宝的某些不符合逻辑的构想，妈妈要给他鼓励和赞美，这样才能不断激发宝宝的创造力。

【培养方法】

彩纸拼画

道具：硬纸板、废弃包装纸、胶水

步骤：

妈妈先做一张彩纸拼画（用废弃包装纸，剪取一些你需要的图形，将图形粘在硬纸板上即成），让宝宝欣赏，并启发宝宝去思考，这张彩纸拼画是怎样巧妙地运用了废弃包装纸上的图案以及颜色搭配而成的。

经过启发，宝宝的创造力也被调动起来：绿色的纸可以用来做树叶和草，红色亮片包装纸可以用来做房子的屋顶，网格包装纸可以用来做马路。妈妈可以鼓励宝宝将自己的想法说出来，然后引导宝宝根据各种包装纸的大小、图案和颜色将其贴在纸板上相应的位置，制作成拼画。

完成之后，妈妈可以把宝宝的作品粘在墙上，让宝宝体会成功的喜悦。

作用：一般来讲，创造分两个步骤，一是创意，二是实践。创造的方法就蕴藏在这两方面中。因此，妈妈首先要教宝宝学会思考，并努力从多个角度进行思考。其次，引导宝宝动手实践，让创造性活动得以顺利开展。

【测一测】

①什么东西会飞？

②什么东西会爬？

③什么东西会发光?

④什么东西让人害怕?

⑤什么东西是滑的?

⑥桌子和椅子有哪些相同,哪些不同?

⑦狗和猫有哪些相同,哪些不同?

⑧电视机和电脑有哪些相同,哪些不同?

⑨杯子和碗有哪些相同,哪些不同?

妈妈可以提很多宝宝经常接触的生活常识问题,若宝宝都能回答,并能给你很多种不同的答案,则说明你的宝宝善于观察生活,眼光是敏锐的,也就具备了创造所需的素质之一。

3岁宝宝思维力的培养

同年龄的宝宝，其思维水平有差异——有的宝宝反应快些，有的宝宝反应慢些；有的宝宝话语之间缺乏条理性和逻辑性，有的宝宝能连贯地讲述一个长故事……宝宝思维水平的高低究竟如何衡量呢？如果你的宝宝善于独立思考，思考问题的速度较快，考虑问题又全面深入的话，这就说明你的宝宝思维水平较高。而在3岁这个阶段，正是妈妈将以上的思考方式和习惯教给宝宝的最佳时期！

训练宝宝思维的敏捷性

【培养重点】

思维能力是有高低差别的，而思维的敏捷性，即宝宝能做到迅速正确地解决问题，是思维能力高的一个明显表现。宝宝要做到思维敏捷，需要达到两方面的要求：其一是建立思维的方向性；其二是尽快地做出判断。为了达到这两方面的要求，妈妈对宝宝进行训练的时候，要循序渐进、由易到难。先让宝宝带着明确的目的去思考分析问题，一步步做出正确判断。等宝宝了解整个流程、熟悉规则后，再训练宝宝在一定的时间限制内又快又准地做出判断。

【培养方法】

举旗指挥

道具：红色小旗、黄色小旗、绿色小旗、粉笔

步骤：

用粉笔画出大小不等的3个圆。告诉宝宝游戏规则——举红旗进大圆、举黄旗进中圆、举绿旗进小圆，进入圆圈之后都要举起右手表示胜利。游戏开始，妈妈任意举起一面小旗，让宝宝看旗的颜色做出相应行动。举起不同颜色的小旗，反复实验几次，等宝宝几乎已经不会犯错误的时候让爸爸也加入比赛中来。妈妈举旗，看谁的动作又快又准。爸爸可以先故意放慢速度，妈妈表扬宝宝，以激发宝宝的兴趣。

作用：这样的游戏反复多次后，妈妈会发现宝宝犯规的次数越来越少，看旗的速度也越来越快，这就是应变能力提高、思维变得敏捷灵活的表现。不仅如此，这个游戏对训练宝宝的瞬时记忆力也有好处。

【测一测】

①妈妈问，若宝宝能迅速地回答对了两个问题，则达到要求。

小鸟长什么样？小鸟会做什么？

大象长什么样？大象会做什么？

马长什么样？马会做什么？

②妈妈随口说几句话，若宝宝能迅速地纠正其中两个错误，则达到要求。

巧克力比电视机好吃。

燕子比鱼游得快。

音乐比桌子好听。

怎样培养宝宝的语言能力

语言的掌握对宝宝智力发展有着重要意义，口语表达能力的培养又是整个宝宝期语言训练的中心环节。

口语表达能力要从3岁抓起，这是锻炼宝宝表达能力的关键时期。

培养3岁宝宝的口语表达能力应注意以下几点：

1. 符合宝宝直观具体的思维特点

根据宝宝思维具体形象性的特点，教宝宝的词汇要结合宝宝常见的、感兴趣的事物进行。例如，喜爱的玩具、爱吃的水果、常见的小动物等。同时注意化抽象为具体，如讲"一闪一闪"这个词语时，伴以手电一关一亮的演示。

2. 在游戏中让宝宝练习表达能力

宝宝的学习积极性在很大程度上取决于兴趣，通过游戏练习表达能力是一种非常好的方式。例如，玩"模拟家庭会议"游戏时，宝宝可以根据自己扮演的角色，练习表达能力。

3. 丰富宝宝的日常生活

丰富的生活经验是发展宝宝词汇量的源泉。多带宝宝到户外观察大自然、游览公园、参观博物馆等，这些不同的游玩经历，不仅扩大宝宝眼界，还能让宝宝学到许多新的词汇，由此提高语言表达能力。

4. 创造良好的语言沟通环境

父母要用普通话给宝宝讲故事，发音要力求规范，语言简练、文明，句子要完整。

5. 让宝宝经常进行练习

父母要有意识地寻找宝宝喜欢聊的话题，比如：问宝宝喜欢吃什么水果，这种水果长什么样子。又或者问宝宝下午跟小伙伴一起玩了什么游戏，都有谁参加，宝宝在其中扮演什么角色等。随时纠正宝宝不规范、不文明的语言，重视宝宝语言规范化。

6. 练习表达能力的形式要多样化

讲故事、唱儿歌、"看图说话"和"打电话"等都是宝宝练习表达能力的好办法。

宝宝吐字不清怎么办

语言是高级神经的综合活动，易受内外环境的影响。按照儿童口语发育的规律，3岁的宝宝能说两三个字组成的句子，能指出图中实物名称，会用"我的""你的"等代词。如果你的宝宝与同龄儿相比差距较大，应该引起家长重视，寻找原因，及时纠正。常见吐字不清的原因有以下几种。

1. 宝宝的听觉器官异常

宝宝出生后通过听才能进行正常的语言学习。任何年龄的宝宝听觉异常，即使是轻度异常，也会影响语言表达。因为对别人的话辨别不清，错误地模仿，便会造成许多字发音不准。宝宝有这种情况，要及时诊治，必要时借助助听器矫正。

2. 宝宝的发音器官有缺陷

舌头是发音的主要器官，正常情况下舌头的动作很灵活，能做前后、上下等运动。严重舌系带短的宝宝舌不能伸出口外，因短的舌系带牵引，使舌尖部呈"W"形，也使得舌尖不能上翘接触上唇，发舌音（尤其卷舌音）时困难。这种情况建议到医院检查，必要时进行手术治疗，以便及早纠正宝宝的发音。

3. 智力水平低下

语言与思维的关系非常密切，人们说话受大脑支配，说话实际上是在表达思想。宝宝智力水平低下，头脑糊里糊涂，必然影响语言表达能力的发展，不能顺畅表达所思所想。

对智力发育落后的宝宝，要进行思维能力与说话能力同步训练。教宝宝说话，要注意形象性，语言要与具体事物和动作结合起来，反复多次练习。

若宝宝既无生理缺陷又非智力发育落后，就要为宝宝创造良好的语言环境，如让宝宝经常听电视台的少儿节目，多与周围小朋友交往，互相学习，教宝宝复述故事、唱儿歌，在日常生活中丰富宝宝的词汇，激发宝宝说话的积极性。

独生子女一定"独"吗

独生子女的"独"是相对而言的，"独"是指他在家庭中的特殊地位，这主要取决于父母对他的态度和教育方法。如果从小就以他为中心，要什么给什么，一哭就抱，一闹就依，这样过度地溺爱，使他从有自我意识起，所感受的就是大家都在顺着他，都在为他服务。这样容易使他形成骄傲、任性、爱耍脾气、不听管教等不良性格，而且独立生活的能力也差。

宝宝的"独占"行为也与家长的行为有关。3岁宝宝模仿能力强，经常模仿大人的某些行为。因此成人对宝宝的态度以及成人对他人的行为也对宝宝的性格有一定的影响。有的家庭比较强调秩序，严格区分家人的私有物品，严格区分宝宝的日用品，不允许别人使用，还有的父母自己就不愿与别人分享，这些做法都会影响宝宝的行为，强化宝宝"我的东西谁都不许用"的独占心理。

"独"的另一表现是，独生子女在家中没有兄弟姐妹，缺少宝宝之间的互助、互让和分享欢乐的体验，也容易形成"独"。但一个三口之家还是一个小集体，或者还有爷爷、奶奶、姥姥和姥爷等。家庭中如关系正常，互相关心、爱护、尊重、体贴，并以此要求宝宝，一样可以使宝宝养成良好的不"独"的品德。

　　另外，宝宝到3岁左右应到托儿所去过集体生活，与小朋友交往，获得与人交往的经验，学会集体生活，并在其中充当角色。这样就可以避免独生子女的"独"了。如果没有条件去幼儿园，要让他多和邻居小朋友交往，共同游戏，使他们在友爱中成长，也可避免"独"。

　　所以家长要从小培养宝宝喜欢与别人分享的意识，鼓励宝宝和小朋友一起玩耍。如果宝宝把自己的东西给其他小朋友时，家长要及时给予表扬。另外，吃东西时让宝宝把食物先拿给爷爷、奶奶，并跟大家一起分着吃，把大的分给别人，小的给自己等。让宝宝懂得共同分享，礼让他人。

不要吓唬宝宝

有些父母在处理宝宝不听话问题上束手无策时，常采用吓唬的办法，使宝宝害怕而屈从。例如，晚上宝宝不肯睡觉，有些父母就对宝宝说："快闭眼，不然大灰狼来咬你了！"宝宝一听吓得赶紧闭上了眼睛。天黑了，宝宝要出去玩，妈妈就说："别出去了，外面有大老虎。"宝宝害怕，就不敢出去了。宝宝好哭，爸爸就说："再哭，医生就来给你打针。"由于怕医生打针，宝宝只好忍住不哭。以上这些做法看上去有效果，比耐心劝说效果来得快，但实际上是不可取的。

吓唬只能使宝宝胆小，对什么都怕。宝宝刚来到这世上时，不懂得什么是害怕，但后来却变得很胆小，对很多东西、很多现象都怕，其中一个主要原因就是成人的吓唬。宝宝小，缺乏生活经验，对于没见过、没感受过的现象和事物都存在戒备心理，这是不奇怪的，成人应当引导宝宝去认识它们，逐渐了解它们。如果总用宝宝的这种"无知"来吓唬他们，那么将会给宝宝心灵深处埋下"可怕"的种子，使宝宝在成长过程中缺乏勇敢的探索精神，影响宝宝的健康成长。

宝宝的神经系统很脆弱，恐吓对他们来说是一种强刺激，长此以往，就会使孩子情感受到压抑，甚至损伤神经系统，在大脑皮层留下恶性刺激的痕迹，压制脑细胞的生长发育，造成宝宝胆小、孤僻、忧郁、神经质等性格上的缺陷。

另外，吓唬只能让宝宝暂时听话，是出于怕而屈从，并不是出于对自己行为的认识而做出的行动。这样，反而容易造成宝宝是非不分、真假不明，从而对某些事物形成错误的观念，比如对正常的自然现象打雷、下雨、闪电、刮风等感到恐惧，甚至害怕民警叔叔和医生，这是多么遗憾的事！

总之，吓唬的办法有百弊而无一利，应当用正确的、科学的态度来教育宝宝，启发引导、以理服人，使宝宝树立正确的是非观。

表扬宝宝的艺术

表扬，是家长与幼儿园老师常用的一种鼓励宝宝的方法，用这种方法肯定宝宝的优点，鼓励宝宝进步，效果很好。但表扬要讲方法，如果方法不对会适得其反。

1. 该表扬的表扬

宝宝做出值得表扬的事情，才能给予表扬，这样才能给宝宝留下深刻印象。

2. 表扬要具体

家长应特别强调宝宝令人满意的具体行为，表扬的内容越具体，宝宝对哪些是好行为就越清楚。比如，两个小朋友在一起玩耍，一个小朋友摔倒了，爬不起来哭了，另一个小朋友跑过去把他扶起来，帮他拍净身上的土，并把他送回家。对于这种情况，如果家长说"你今天真乖"，宝宝往往不明白"乖"是指什么。你可以这样说："你今天把小朋友扶起来送回家，你做得很好，妈妈很高兴，以后和小朋友在一起玩耍，就要像这样互相关心，互相帮助。"用这种方法既表扬了宝宝，又培养了宝宝助人为乐的良好习惯。

3. 要及时表扬

如果宝宝做了某一件好事，家长就应立即表扬，不要拖延。否则，时间过去，宝宝对这个表扬不会留下什么印象，更不能强化好的行为。

4. 语言、物质表扬相结合

宝宝表现很好，可以适当地给一些精神奖励和物质奖励，如给宝宝讲一个有趣的小故事，或给一个小玩具、小食品等，以鼓励宝宝继续努力。

3
Chapter 智力篇

让宝宝智力发达

智力的发展是遵循一定规律的。在人生的头三年，从吃手到学会做手工，从只会趴在床上到站立、行走，从只会哭到会叫"爸爸""妈妈"……宝宝逐渐有了自我意识，各项智能、身体机能开始发展。

对于宝宝们来说，3岁智力启蒙期是非常重要的。如果妈妈把握时机，对宝宝进行恰当训练，宝宝的智力将会受到较好的开发，甚至有可能取得突破性的发展。

别说宝宝看不懂，请多陪他看；别说宝宝听不懂，请多陪他听；别说宝宝不会玩，请多陪他玩。

3岁，宝宝智力发育关键期

美国著名心理学家布卢姆从对近千名婴幼儿的十多年跟踪调查中得出结论：5岁以前是儿童智力发展最迅速的时期。

布卢姆认为，如果把17岁时人们达到的智力水平定为100%，那么出生后的前4年他已经获得了50%的智力，到8岁时已经获得80%，从8至17岁只获得剩下的20%。

许多研究机构也得出了与布卢姆基本相同的结论，有人进一步指出：2~3岁是儿童学习口头语言的最佳年龄，4~5岁是开始学习书面语言的最佳年龄，学习外语应从10岁以前就开始；而弹钢琴、拉小提琴必须从3岁开始。如果错过了言语、听觉和运动区域的大脑神经细胞发育的关键时期，再来开发其智力就很难了。

教育孩子，3岁是个"坎儿"。不过，孩子学习能力有差别很正常。很多家长反映，他们对于孩子在启蒙学习过程中出现的学习慢、好动、不听话等现象表示担心。幼儿教育机构专家认为，3岁之前培养孩子学习能力相当重要，但是不同孩子的学习能力不一样，身为父母不能因为孩子学习慢而责怪孩子笨。很多家长遇到这样的事情经常大发雷霆，说自己的孩子"笨"，甚至当着小孩的面骂孩子，这样，孩子幼小的心灵很容易受到伤害。

3岁是智力发育关键时期。当小孩的行动或者表现并非如预想的顺利时，家长不妨换个角度思考，特别是从孩子的角度思考问题。小孩虽然年纪比较小，但是还是可以感受到父母对他（她）的欣赏，这样对建立孩子的自信心也很有帮助。

3岁，是幼儿期中最重要的时期。3岁的孩子整天蹦蹦跳跳，活泼、灵巧，智力和感情的成长速度非常惊人。在3岁孩子身上同时有着独立欲望和缠着妈妈撒娇的强烈依赖性。所以，在3岁这一时期，也正是宝宝能够形成各种生活习惯的时期，作为父母，应该抓住这一时期让宝宝健康成长。

如何让宝宝的思考力提高

思考能力是宝宝智力的核心，要使宝宝更聪明，就必须重视发展宝宝的思考能力。父母如何根据宝宝和家庭的实际情况，更好地培养和提高宝宝的思考能力呢？

首先要激发宝宝的好奇心，培养他们善于发现问题、提出问题的能力。在通常情况下，当宝宝遇到了问题，感到必须设法解决时，才会引发积极的思维活动。为此，家长在宝宝的学习、生活和其他活动过程中，要根据宝宝的实际情况有意识地给宝宝"设疑"，引起宝宝对问题的注意和思考。比如：宝宝们都很喜欢看鱼在水中嬉戏。这时，做家长的为了引导宝宝思考，就可以问宝宝：为什么鱼能在水中游戏而不会淹死？鱼游水时尾巴为什么要左右摆动呢？等等。这样就能激发宝宝的好奇心和浓厚的兴趣，从而有效激发他们思考和寻找问题的答案，达到培养宝宝思考能力的目的。但是，在启发宝宝思考问题时，对他们的"设疑"应该做到难度适中，要富有启发性。否则，就达不到培养和提高宝宝思考能力的目的。其次，采用多种形式扩大宝宝的知识面，使宝宝掌握知识的同时，发展思考能力。知识是思考的依据和源泉，是发展思考力的基础。没有知识做支撑，宝宝的思考力便无从表现和发展。

例如，美国历史上受人尊敬的林肯总统，年轻时曾做过法官，有一次审理了一桩案子，被告的罪名是谋财害命。审讯中被告口口声声说冤枉，而证人却一口咬定他亲眼看见被告人作案。证词是"10月18日晚上11时，我站在一个草堆后面，亲眼看到被告在草堆西边30米处的大树旁作案，因为月光正照在被告脸上，所以我看清了作案人的面孔"。听了这个证词，林肯立即宣布：此案纯属诬告，证词是编造出来的。林肯之所以能够迅速地做出判决，就是以自然科学知识为依据经过思考后做出的结论。因为案子发生那天10月18日，正是阴历上旬，是上弦月，11点钟，月亮已经西沉了，不会有月光。假如证人记错了时间，把作案推前，月亮还在西天，想想看，月亮从西边照过来，照在被告人的脸上，被告面向西，藏在东边草堆后的证人是无法看到作案人的面容的，倘若作案人面向证人，月光照在人后脑壳上，证人又何能在30米以外看清作案者是谁？

林肯正是运用月亮升降圆缺的规律作为断案依据，巧断了这宗所谓目击案。从这个事例中我们可以认识到，假如林肯没有掌握月亮升降圆缺的知识，就不可能迅速地断案。他能够迅速地做出正确的判断，与他拥有这方面的知识是分不开的。因此，培养和提高宝宝的思考能力，应该以丰富宝宝的知识作为基础。

最后，要教给宝宝正确的思考方法。我们知道，人们在思考问题时，总要有一条清晰的路径。因此，培养宝宝的思考能力，关键就在于使宝宝掌握这种思路。就一般而言，思考问题的思路是提出问题、抓住关键问题进行分析、加以论证、得出结论。例如，组词是小学生语文学习的一个重要内容。有的小学生靠死记硬背，所组的词多重复，有时东拼西凑仍然组不出所要求的数目。有经验的家长，在帮助宝宝学组词时，常常是先教宝宝思考的方法，使之思想开阔，更好地解决组词方法的困难。比如：

　　"桌"字的组词，可以从用途、形状、颜色的不同角度去思考，就可以组成"课桌""饭桌""办公桌"，或者"圆桌""方桌""长桌""工字桌"，还可以是"黄桌""绿桌""红桌""白桌"等。按用途、形状、颜色等方面去想，就是一种具体的思考路线。

　　因此，要使宝宝的思考能力得到较好的发展，关键是根据各种实际问题，正确引导宝宝的思路，使他们掌握解决问题的途径和方法，降低行动的盲目性，从而提高思考的速度和质量。

宝宝是游戏的主人

游戏是为了寻求快乐而自愿参加的一种活动。它可以促进宝宝身体生长，又可促进宝宝智力的发展，还可以激发宝宝的良好情绪。而亲子游戏恰恰是儿童游戏的一种重要形式，也是父母与宝宝互动的一种重要形式。

父母在游戏中应培养、鼓励儿童的创造性与独立性，不要"望子成龙"过切而处处"包办"，要让宝宝成为游戏的主人，充分发挥其想象力和创造力。父母应该让宝宝玩自己喜欢的游戏，不强迫他玩不喜欢的游戏。在游戏过程中，父母要及时发现问题，适当加以引导。

由于在游戏中需要宝宝具备一定的观察力、注意力和记忆力，以及语言表达能力，所以经常参加游戏的儿童在这些方面会得到一定程度的训练。

国内外的大量研究都已证明，当宝宝的父母参与游戏时，宝宝游戏活动的时间会明显加长；而另一方面，毕竟宝宝才是游戏真正的主人，毫无疑问，父母要参与并支持宝宝的游戏活动，但应避免过分介入，至于如何把握这一分寸，就需要父母自己明智地做出判断了。

对宝宝来说，游戏就是他们生活的全部乐趣；对父母而言，游戏则是教育的一种最佳形式。为了支持宝宝的游戏活动，父母除了提供孩子合适的游戏场地，以及丰富的游戏材料之外，更应该以各种方式参与到具体的游戏过程中去。与孩子一同体验游戏的欢乐，一起成长。

怎样及早发现宝宝的天赋

通常，3岁以前是人生一切智力潜能早期开发的最关键时期。一个宝宝有无特殊智能，常常在3岁左右就初见端倪。

具有特殊智能的宝宝在婴儿期有以下特征：具有音乐智能的宝宝，满月后对各种声音，如童谣声、洗衣机声、摇铃声等很感兴趣，听到音乐会立即不再哭闹；发音比同龄宝宝较早，百日之内基本上能发出简单的字母音节；手指较长，尤其是食指和无名指；周岁左右能全神贯注地聆听乐曲，并能对欢乐、悲哀等曲调做出反应；3岁以内基本上能辨别高音、中音、低音音域并能唱歌和自行弹奏乐曲，具有很强的音乐模仿力和辨音能力。

具有舞蹈、体育智能的宝宝，通常表现出活泼、好动、反应敏捷等特征。在力量表现、技巧性、柔韧性、灵活性方面比同龄宝宝强。在哺乳期具有翻身早、直立行走较平稳等特征。尤其是具有舞蹈天赋的宝宝，其颈部、腿部、臀部比一般婴儿要长，这是很重要的先天素质之一。另外，具有很强的模仿能力和掌握舞蹈技艺的能力，而且乐感和节奏感较强。具有跳舞天赋的宝宝在3岁前就能轻歌曼舞，对电视、电影当中的舞蹈节目具有浓厚的兴趣，较易受到感染，喜欢即兴表演，肢体动作丰富。

　　具有绘画天赋的宝宝在哺乳期就对色彩、图案、物体形象十分感兴趣，能长时间凝神注视和观察不同色彩的物体（玩具）。3岁以前不仅能分辨出三原色红、黄、蓝，复色（紫、绿等），还具有很强的观察能力。不少宝宝还能创作出形象逼真、耐人寻味、妙趣横生的绘画作品来。

　　若是父母发现宝宝具有特殊智能时，能循循善诱、适当引导和热情培养，宝宝就可能成为具有特殊智能的专业人才。

鼓励宝宝做研究

鼓励宝宝选个题目做研究，乍听之下，你一定会认为这至少得是上初中后才做的事情。如果你这么想，那就错了！其实，只要家长有心提供机会，纵然是3岁小朋友，也可能成为"小小研究员"。

当然，此处所谓的研究，绝非严肃学术，而是一种探索的过程。例如：宝宝对蚕有兴趣，你可以鼓励他养蚕，让他通过观察、记录、阅读相关资料，了解蚕的一生。假使他对"雨"情有独钟，你也可以让他仔细地观雨、看雨并拍下雨中的美景，甚至买一些有关雨的图画书、小百科让他参考。这就是研究。

怎么样？不难吧！其实，只要不被"研究"这个大帽子吓着，每个人都能做研究，也都能从中享受到无穷的实践乐趣。至于研究题材，那就更不用愁了，只要是宝宝有兴趣的，如养蚕，都值得研究一番。纵然最后的结果不理想，过程也将颇具趣味。

更何况，这种小研究，还有助于培养宝宝的思考力、组织力以及创造力，何乐而不为呢？

下次如果有人告诉你，他的宝宝正在从事一项惊人的研究，你可别被吓着！

Chapter 3
智力篇 让宝宝智力发达

激发宝宝的创造力

你知道父母最关心的问题是什么吗？根据教育心理学家的调研成果得出的答案是：宝宝是否具有创造力。

如果你也希望自己的宝宝深具创造力，不妨参考以下几种方法：

1. 和宝宝玩"后来呢？"的游戏。

也就是说，当宝宝告诉你一个发现或一个故事时，不妨多用"后来呢？"的提问方式，激发宝宝的想象力及思考力。别忘了，这也是一项非常有趣的亲子游戏！

2. 常用一些未完成的句子来训练宝宝的推理能力。

例如：你可以说"这棵树好大哟！就像是……"或"今天的月亮好圆，好似……"让宝宝接着联想，相信一定会出现很多有趣的答案。

3. 尽量利用日常生活的东西。

例如：可以用游戏的方式要求宝宝说出瓶子除了可以装水外，还能做什么，让他有机会多动脑筋。

4. 让宝宝尽情表达。

当宝宝做某项决定时，你可以问他："除此之外，还有没有别的方法？"借此训练他缜密思考的能力。

帮宝宝学习绘画

　　父母教宝宝绘画，最主要的是发展宝宝对绘画的兴趣，要尽量引导宝宝学会欣赏"美"，利用画中的美促进宝宝人格健康、和谐地发展。

　　父母不应强迫宝宝画父母自己喜欢的东西，应让宝宝自由发挥。宝宝学画时，父母不要一味强调绘画技术，不要强调"像"与"不像"，不然的话宝宝的想象力会受到限制，甚至失去画画的兴趣与信心。

　　父母应该赞赏宝宝。把宝宝的画摆在家中，这是一种适当的鼓励。千万不能采取嘲弄的语气，如："真逗，太阳怎么会是绿色的呢？"

　　父母要注意引导孩子画画时的灵活性，让宝宝尝试用不同的画具绘画，如用彩笔、蜡笔、棉球，甚至用手指去画；或用剪刀把宝宝画不出的部分剪出来，贴在纸上，再让宝宝用笔添上自己会画的部分，这样会使宝宝对绘画更感兴趣。

　　宝宝作画时是不受空间拘束的，有时他们喜欢把画画到墙上。这时父母不要生硬地对宝宝发脾气，如果家里厨房、卫生间镶有瓷砖，那么可以给宝宝买来水彩笔，让他们在上面画，画完后再用湿布擦去。如果没有，父母可做一个大些的绘画木板，上面钉上画纸，挂在墙上，让宝宝作画。

　　父母对宝宝的作品要持尊重态度。宝宝对于自己的作品是很爱惜的，父母千万不要轻易毁坏扔掉，可以做一个大口袋，将宝宝的作品一一收藏起来，这也是培养宝宝珍惜劳动成果的好方法。

绘画是宝宝表达自己意愿、宣泄自己情感的途径之一，父母要善加引导。

让宝宝添画好处多

添画，就是让宝宝在一幅已画完轮廓而尚未完成的作品上，展开自己的想象，创造性地完成作品的剩余部分。添画的方式多种多样，2~3岁宝宝主要是涂颜色以补足形象，添画颜色使之与整个画面色彩和谐一致。让宝宝添画有哪些好处呢？

1. 可以培养宝宝的观察力

宝宝在着手添画一件作品时，必须要对原有的"半成品"仔细观察，发现"不足"，才能知道要添画哪些线条或哪种颜色。对于3岁宝宝，父母可以循序渐进地引导宝宝观察，逐步培养观察力，通过一段时间的训练，宝宝就能很快找到作品中的"不足"，并以添画成功为乐趣，这种成功的喜悦又能进一步激发他们对绘画的兴趣。

2. 培养儿童对绘画的兴趣

让3岁宝宝自己独立画一幅完整的图画，困难较大。添画则不然，儿童只需画一些简单的线条、图形或涂色彩，就能完成一幅比自己单独去画要美得多的图画。因此，添画练习既能增强宝宝的自信心，又能满足宝宝追求完美的心理。心理学认为，人总会有一种对"缺陷"进行补足的心理，这种心理使宝宝渴望完美，因此当他发现画面有"缺陷"时，就有一种迫不及待渴望补画完整的愿望。而且，给宝宝一张事先画好了部分图案或色彩的画纸，比起给他们一张白纸来，更能激发宝宝的兴趣，使他们产生一种忍不住要动手的欲望。

3. 促进儿童的多向思维发展

例如，父母有意识地在作品原件上罗列一系列的圆，要求宝宝用圆作为基本图形添画作品时，宝宝需要开动脑筋利用这些元素画太阳、钟、皮球、西瓜、动物脸谱等，年龄大些的宝宝还能把几个圆组合成一组，画成坦克、汽车等。这种不设置太多限制条件的绘画活动，可以看作是对儿童的一种"智力训练"。因此，多让宝宝做"添画"练习，能在一定程度上，起到拓展儿童思维的作用。

音乐教育

父母都希望宝宝能受些音乐方面的熏陶，但他们常忽略了对宝宝音乐潜能的开发。乐感、节奏感是学习音乐应具备的基本条件，利用下列简便易行的方法，绝大多数父母都可以对宝宝进行音乐能力的训练。

1. 节奏方面

训练节奏的方法很简单，可让宝宝坐在父母旁边，用两块板跟随父母敲出各种节奏来。父母在宝宝唱歌时，可双手击掌帮着打拍子；宝宝坐在父母腿上时，父母可随着音乐节奏上下颠腿；宝宝临睡时，可一边哼曲子，一边随曲子的节奏轻轻地拍打宝宝。

变换唱歌速度也能帮助宝宝建立节奏概念。例如唱进行曲时，父母可与宝宝边唱边拉着手走，先以较慢的速度唱，使宝宝的步调与歌曲的节奏相一致，然后再以较快的速度走，同时要使步调与歌曲的节奏相一致，注意经常有意识地这样做，才能达到训练宝宝节奏感的目的。

2. 音色方面

父母给宝宝唱歌时，可把同一首歌曲用低、中、高音来唱。先用低沉的声音唱，并形象地解释为老爷爷，或大象公公在唱，然后用中音（比低音高一个八度）来唱，可解释为叔叔或袋鼠在唱；然后再用高音（比中音高一个八度）来唱，唱不上去用假嗓子也行，但一定要唱准，可解释为阿姨或小鸟在唱。

3. 音准方面

先给宝宝起一个音，唱完某一首歌，然后再起一个不同音高的音唱一遍。刚开始时宝宝可能做不到，父母要有耐心，要与宝宝一同唱，使宝宝逐步适应音调的变化。尤其在换调时，父母要唱得响些，使宝宝的音准跟随进入正确的音高上来。

宝宝音乐潜能的训练靠长期的坚持，靠家庭创造的一种艺术氛围的熏陶，靠潜移默化的影响。

学会给宝宝讲故事

假如宝宝要求你说故事给他听，你会有什么反应？嫌麻烦，让他自己看故事书？或直接打开电视机播放动画片？也许你都用过，但这都不是好方法。研究显示，成长中的宝宝都很喜欢听故事，因为在他们的脑海里充满各种奇想与梦幻，但是他们又没有办法亲自体验，所以只得热切企盼父母讲故事给他们听，以满足他们这个年龄段那种天马行空的思维特点。

也许父母会抱怨，哪有这么多故事？事实上，学龄前的宝宝是不会计较故事内容的，因为他们只喜欢听，纵然这个故事你已重复了十几二十遍，他们依然会听得津津有味。

当你空闲时，不妨去买几本画册，利用画册中的内容随口编个故事，甚至可以跟宝宝讨论故事的内容，或叫宝宝说出他心中所想象的故事情节。如此，你不但可以减轻许多压力，更可以拓展宝宝的想象力，并增进亲子间的情感。但是别忘了，无论是你自己编织或根据画册改编的故事，都应该兼具教育功能，用以培养宝宝的爱心、信心以及勇敢、诚信等品质。

实际上，画册是一种"死"的东西，但你所编出的故事都是"活"的。只要你肯多花点心思编一些有意义的故事，宝宝将获益良多。

常有父母抱怨宝宝听故事时坐不住，听不了几句就跑开了。其实父母应先注意自己讲故事的方法是否适当。父母给宝宝讲故事应注意以下几个方面：

1. 短小精悍

对3岁的宝宝来说，复杂冗长的故事情节是接受不了的。所以，父母要选择情节简单、有趣的故事。

2. 贴近生活

故事中所涉及的人物、动物等最好是宝宝经常看到或听到的。宝宝在听故事时，有联想的基础，有助于他们了解故事内容，产生听下去的兴趣。

3. 配以图画

给宝宝讲故事时最好能借助图画，这不但能调动宝宝的听觉功能，还能调动他们的视觉功能，有利于加深宝宝对故事的记忆，宝宝听起来也有兴趣。如果父母会画画，不妨边讲边画，把所讲的故事用简图勾勒出来，效果会更好。

4. 形象生动

给宝宝讲故事时切忌呆板照书念。要随情节、人物的变化而在表情、语音、语调、动作方面有变化，使宝宝有身临其境之感。

5. 游戏表演

宝宝熟悉了某个故事之后，可以把故事编成游戏，父母和宝宝分别扮演故事中的某个角色，有助于宝宝理解和接受故事。

6. 引导深入

父母在复述故事时，要引导宝宝去回忆故事的情节和故事中角色的名称。在宝宝能理解的范围内引导他们辨别美丑善恶。同时启发宝宝随故事情节去思考问题，这有利于进行品德教育和开发宝宝智力。

家庭动动脑，宝宝受益多

自从丁肇中、王赣骏、李远哲等人相继为国争光，并被媒体广泛报道之后，如何培养宝宝的创意思考力，就成了父母群体里的热门话题。

你呢？想必也曾为这个问题苦思过吧！你最后的决定是送他学心算，还是带他去接受创造力训练？

其实，想培养宝宝的创造能力及创意思考，并不需要如此大费周折，只要每天抽出15~30分钟和宝宝进行创意游戏（可以在室内或户外），便可以大大提高宝宝的创造力，有时甚至可以帮家里解决不少问题。

在从事家庭创意游戏时，不妨找出一个明确的主题或难题，尽量"鼓励"宝宝思考出多种解决方法来，例如：你可以问宝宝，"台灯除了可以作为读书的照明设备外，我们来想想，它还有哪些用途？"或者说，"吊花盆的绳结，因为浇水浸湿，常会烂掉，有什么方法可以解决这个难题呢？"

此外，父母还得遵守以下4项原则：

①不准批评。

②不要老觉得宝宝的想法不具可行性，其实，愈奇怪愈新鲜的观念，愈值得重视。

③数量愈多愈好，就算有重复，也比没有来得有意义。

④让宝宝试着改进父母所提的意见，如此将有助于产生新观念。

如此进行3个月，宝宝的思考力一定会有显著增进，届时他可就不再是"臭皮匠"，而是头脑灵活如"诸葛亮"了！

为宝宝选择好的图书

许多父母十分愿意给宝宝买书，但市场上多种多样的图书却使人眼花缭乱，无所适从。父母给宝宝购书时应注意几个方面：

1. 品种切忌单一

父母不要以自己的好恶为标准来购买图书。书对宝宝来说，如同食物，也需均衡。

2. 图画书需印刷清晰且无异味

一般说来越是给幼小的宝宝看的书，图画的比重越大，对画面精细度的要求也越高。不要以为宝宝有书看就行了，他需要的是形象生动可爱的图画书，无论人物、动物，还是食品、用具，其形状和颜色尽可能不丧失原物的特点、美的形象，否则就会给宝宝的理解造成障碍。另外，为宝宝买的书，不能有刺鼻的印刷异味，保护宝宝视力的同时，还要保护宝宝不受有害气体的伤害。

3. 图画书的内容对宝宝来说不应是完全陌生的

书中至少应有一部分内容是宝宝在生活中常见的，宝宝看到自己熟悉的东西，会很高兴，也会更喜欢阅读。

4. 不要因为担心宝宝把书弄坏，就只给买便宜的书

其实，越是宝宝不喜欢的书，越容易被弄坏，越是精装的图书，也就越能使人注意爱护。父母不妨每年给宝宝买两三本精装书，在扉页上贴一张宝宝的照片或写上"藏书"，放在他的小书架上，告诉宝宝看书前先把手洗干净，然后一页一页轻轻地翻。时间长了，宝宝就会养成爱护书的好习惯。

5. 在宝宝生活环境变化之前，为宝宝购买有针对性的读物

如宝宝入幼儿园前，可购买一些有关幼儿园快乐生活的书，降低宝宝对新环境的陌生感。

怎样教宝宝阅读

阅读能启迪智慧，增长知识。好的图书内容，再配上生动有趣的形象，对2~3岁宝宝良好品德个性的形成、智慧的开发起着重要的作用。从阅读中，可以发现宝宝善恶感、同情心等高级情感的萌芽。

从小培养宝宝的阅读兴趣和良好的阅读习惯，对宝宝入学后的学习也大有好处。父母可以将书中的故事读给宝宝听，读时的语速要慢，配合图画讲解，声情并茂。宝宝听懂故事后，父母还可以用手指着文字来读，主要是让宝宝感觉阅读的顺序和方向，为将来他自己阅读做准备。宝宝熟悉了图书后，就能模仿大人的动作读起来，这就是喜爱阅读的开始。

宝宝对他喜爱的书是"百看不厌"的。父母不要认为给宝宝讲一遍就够了，多讲好处很多，每次讲都应注意使宝宝有新的发现与提高。例如重复阅读时，可以向宝宝提一些启发式的问题，使宝宝对故事的观察与思考更细致、更深入、更富于想象。如问"小红帽的帽子是什么颜色的""她手里提的什么""有人来救她吗"等，宝宝答不出就再讲给他听，千万别指责宝宝，慢慢地，宝宝自然会复述出较完整的故事情节。

3岁智力训练1级

3岁智力训练1级训练步骤：

第一周

1. 宝宝体操（第一套）

家长与宝宝面对面站好，然后，边说儿歌边做动作。

动作：

早早起——两臂经胸前斜上举（尽量伸展）。

做早操——原地踏步，两臂前后自然摆动。

伸伸腿——两手叉腰，左（右）脚向前伸出。

弯弯腰——体前屈，两手拍打小腿。

两手向上举——直体后，两臂上举。

两脚跳一跳——两脚同时上下跳动。

此体操每次可做两到三遍。

2. 儿歌

叫哥哥

叫哥哥，

会唱歌，

手弹琴，

脚打锣，

唱得大家笑呵呵。

3. 区分早上和晚上

方法：早上起床时，妈妈说"宝宝早上好"，也让宝宝说"早上好"，边起床边向宝宝介绍："早晨天亮了，太阳公公也快出来，咱们快穿好衣服出去看看。"要打开窗户和窗帘，使宝宝呼吸新鲜空气。白天可以出去玩，也可在家中玩。白天天很亮，不必开灯。到晚上要向宝宝介绍"天黑了"，外面什么都看不见了，要开灯才看得见，咱们快吃晚饭，洗澡睡觉，使宝宝能分清早上和晚上，并让宝宝学习说"晚安"才闭上眼睛。此时妈妈应留在宝宝身边，因为他会睁开眼睛看看，如果妈妈还在，他才能安心入睡，不妨多道几回"晚安"，让他将词汇学熟练了。

目的：初步学习时间概念，分清早上（白天）和晚上。

4. 配对

方法：从已熟认的物品和图片开始，先找出2~3种完全一样的用品或玩具，如两个一样的瓶子、一样的积木、一样的杯子乱放在桌上，妈妈取出其中两个一样的东西摆在一起说："这两个一样，宝宝能不能找出其他一样的物品？"鼓励宝宝找第二对和第三对。

再找出以前学习认物的图片，先选择3对乱放在桌上，请宝宝学习配对。以后一边学习新物品和图片，一边作配对，并逐渐增加要配对的图片，使宝宝能从10、12、14、16、20张图片中将图片完全配成对子。

目的：认识完全一样的东西。

第二周

1. 宝宝体操（第一套）

2. 交替双足上楼梯

方法：先在矮梯子上练习，最好在每阶10厘米的矮滑梯上学习，宝宝双手扶着栏杆上梯，然后自己滑下。如果没有这种矮滑梯可以在普通楼梯上一手扶栏杆，成人扶另一只手学习上楼梯，然后再扶栏杆双足踏一个台阶慢慢下来。

目的：学习轮替双足，维持身体平衡。

3. 穿珠比赛

方法：用尼龙绳或纸绳穿木珠。选择大个的木珠，直径在2厘米以上，防止宝宝吞下。珠孔口径为5毫米，以便于穿入。也可以将粗的塑料导管剪成2厘米左右的小段，让宝宝学习穿入。家长先示范用绳子从珠口穿入，从珠口的另一侧将绳子提起，将绳子完全穿入珠子内，并防止从绳头掉出。等宝宝熟练后，可让宝宝同家长比赛。让他赢几个回合，看看1分钟能穿上几个。

目的：锻炼手眼协调能力。

4. 儿歌

蜘蛛

蜘蛛婆，

织绫罗，

风一吹，

就扯破。

扯破了，

再织过，

大风大雨

吓不倒我！

第三周

1. 宝宝体操（第一套）

2. 交替双足上楼梯

3. 跑跑跳跳

方法：如果宝宝已经学会牵着父母的手跑，而不敢自己跑，可在宝宝学跑时，成人在宝宝身前后退着慢跑。因为宝宝头重脚轻，跑步时上身前倾，步子跟不上就易于摔倒。尤其是想停止时步子变慢身体仍前倾，家长在前方准备扶持则不致摔倒，练习多次之后，家长可用口令让宝宝准备"一、二、三，停"，使他渐渐将身体挺直，步子放慢而平稳停止。

宝宝最喜欢由爸爸妈妈各牵一只手学习跳远。这时口令能使三人动作一致："准备，一、二、三，跳——"要避免某一方突然牵抬而导致宝宝腕部脱臼。

目的：练习跑后平稳停止。

4. 自我介绍

方法：宝宝先会说自己的小名，这时要教导宝宝说出自己的姓和名。同时学会说出爸爸和妈妈的姓名。宝宝喜欢用手指表示自己几岁，这时应叫宝宝用口说出自己几岁。如果讲话顺利，则可以进一步要求宝宝说出自己是"女孩儿"还是"男孩儿"。这时宝宝只能记住自己的性别，并不懂得区分性别。

目的：学习自我介绍。

5. 砌积木

方法：学习用8~10块积木造塔，要求每砌一块积木都要四角对正，使砌的高楼平稳。学习用3块积木造桥，桥下面能让"小船"通过，在2块积木之间留出一个空隙，上面再搭一块积木当作桥。在桥的上面两边各放一块，成为上三块、下两块的门楼。家长可先做示范，再让宝宝学着做。

能砌小桥之后，可以学砌第一层互相间隔开的三块，第二层如同搭桥顶那样在前后两块间隙上面放上二块，第三层在唯一的间隙上放一块，成为金字塔形。

目的：手眼协调，学习构形及平衡。

6. 儿歌

阿宝的耳朵

阿宝不爱洗耳朵，

泥土积了半寸厚。

一天到外面走呀走，

一粒种子飞进耳朵沟。

春天到，太阳照，

耳朵里长出一株草。

小牛兄见了哞哞笑，

追着阿宝吃青草。

第四周

1. 宝宝体操（第一套）

2. 交替足上楼梯

3. 跑跑跳跳

4. 少了什么游戏

方法：找一些小动物或生活用品的图片，如兔子、蜻蜓、汽车、房子等图片，并故意给图片制造一些缺损，比如将兔子的一只耳朵剪掉，将蜻蜓的一边翅膀剪掉，将汽车的一个轮子剪掉。然后让宝宝说出它们少了什么，说出少了什么之后，跟宝宝一起用透明胶带将图片修补完整。

目的：了解事物的完整性，让他懂得从全面的角度观察事物。

5. 涂色折纸条

给宝宝一张图画纸，让他用水彩在纸上随意涂抹，然后将图画纸裁成2厘米宽、10厘米长的小纸条，用小纸条折叠成各种数字、字母及简单图形，折叠时有颜色的一面朝外。

6. 儿歌

奶奶故事多

老奶奶，

爱纳鞋，

纳起鞋底故事多。

纳一圈，

讲一个，

听得大家笑呵呵。

给奶奶，

捶捶背，

再请奶奶来一个。

3岁智力训练2级

3岁智力训练2级训练步骤：

第一周

1. "金鸡独立"

方法：家长和宝宝面对面站立，并牵着宝宝的手，同他一起提起左脚用右脚着地站立。然后告诉宝宝自己站稳，并慢慢松手，一面数数，看宝宝自己能坚持几秒。休息一会儿再学习用左脚着地，看哪边能支持得久些。

目的：学习保持身体平衡。

2. 我"家"

方法：在室内或室外，用粉笔画出一大一小两个圈，圈的大小以宝宝和成人双脚能站进去为准。并告诉宝宝，大圈是大人的家，小圈是宝宝的家，游戏开始时宝宝和成人先在圈外自由活动，一旦成人说"大灰狼来了"就迅速跑回自己的家，可反复玩。

目的：锻炼跑和反应能力。

3. 学洗手

方法：带宝宝走到洗手池边，先将袖子挽起，打开水龙头，把手冲湿，关上水龙头，打肥皂，用手搓洗手背、手掌、指缝和指尖，清洗手的各个部位，并冲净，然后关上水龙头，用毛巾将手擦干。第一次母亲边讲边同宝宝一起做，第二次让宝宝自己单独做，如果操作不正确可提醒。以后每次饭前、便后都应让宝宝自己洗手，逐渐养成讲卫生的习惯。

目的：培养宝宝讲卫生的好习惯。

4. 儿歌

月亮弯弯弯上天

月亮弯弯弯上天，

牛角弯弯弯两边，

镰刀弯弯好割草，

犁头弯弯好犁田。

第二周

1. 宝宝体操（第一套）

2. "金鸡独立"

3. 从上往下跳

方法：家长领着宝宝上下楼梯时，到离地面只有一级台阶时，鼓励宝宝自己跳下，开始练习时母亲先下台阶双手扶跳，以后单手扶跳，最后让宝宝自己扶栏跳下。有些宝宝可以完全不扶自己跳下，凡是宝宝能够跳下站稳都应当场表扬、鼓励。

目的：学习从高处跳下自己站稳的平衡能力。

4. 认颜色

方法：宝宝在1岁之后最先认识红色，所以要先用红色的玩具让宝宝识别，之后，再取黄色（或黑色）的玩具放在旁边，指着玩具说"这是黄色（或黑色）"。然后多搜集一些黄色的物品，如黄色的袜子、手绢、积木等，逐个介绍，多重复"黄色"。之后，再取出红色积木和黄色积木，看看宝宝是否能辨别出两种颜色。学会之后，要连续练习5~6天，直到巩固为止。家长切记不要一次同时教识几种颜色，否则容易混淆。

5. 学用筷子

方法：给宝宝一双小巧的筷子作为玩具餐具，同宝宝一起玩"过家家"时，让宝宝练习用筷子。刚开始时练习用筷子夹起碗中的枣子和纸包的糖果，一旦宝宝能将东西夹住就要给予表扬。以后可以用餐时为宝宝准备筷子，使他同爸爸、妈妈一样，都用筷子吃饭，只要能将食物送到嘴里就应得到赞扬。

目的：锻炼手的灵活度。

6. 儿歌

拉钩钩

你出手，我出手，

小拇指头拉钩钩。

拉钩钩，拉钩钩，

咱们都是好朋友。

一只小鸟叫喳喳

一只小鸟叫喳喳，

两只青蛙叫呱呱，

三只小猪嘭嘭嘭，

四匹小马呱嗒嗒，

五个娃娃笑哈哈，

分吃一个大西瓜。

第三周

1. 宝宝体操（第一套）

2. "金鸡独立"

3. 从上往下跳

4. 背数

以背儿歌的形式让宝宝学习背数，平时喊口令"1、2、3"，宝宝很容易就学会了。再加上4和5，背会1~5并不困难，重点在6~10上。可以只学习6~10，然后再由1背到10。有些宝宝特别喜欢押韵背诵，可以让他背1~7的韵歌：

"一二三，三二一，一二三四五六七，七六五四三二一。"一面背，一面拍手，每三个数拍一下，这种正数和倒数的歌诀将对学习加减法时十分有用。在学背诵的同时，也可以随时让宝宝记述任何两位数以锻炼短时记忆能力，如记住2和5、9和3等。多数宝宝先学会背数，然后学习点数，最后才真正认识数。

5. 分清大和小

方法：取出两个纸盒子，一个大，一个小。将大盒子打开，把小盒子放到大盒子内，告诉宝宝"小的放到大的里面"。再让宝宝将小盒打开，在屋子里找一些小东西放入小盒子内。如果宝宝很喜欢这个游戏，可以找彩色笔在大盒子上写"大"，在小盒子上写"小"。宝宝不但懂得了大和小，也同时学会认识大和小的汉字。

目的：认识第一个相反概念和相应的汉字。

6. 儿歌

放羊

马兰花，开山旁，

我帮爷爷放绵羊。

马兰花，花瓣长，

我采马兰喂小羊。

马兰甜，马兰香，

小羊吃了不找娘，

秋天小羊变大羊。

第四周

1. 宝宝体操（第二套）

2. "金鸡独立"

3. 从上往下跳

4. 拼图游戏

方法：搜集旧年卡3~4张，选宝宝熟悉的动物图片，不但了解其名称，还要熟悉各部位的名称，如大象图片要熟悉它的头、鼻子、腿、身体、尾巴等。用硬纸贴在背面使图片加厚，在图中将主要人物或物品的重要部位切开，使图片分成2、3、4片不等。先取分成两片的图片让宝宝试拼，如果不会可以示范一次。之后，再让宝宝自己试拼分成3片和4片的图片。最后将所有碎片完全混合，让宝宝独立将每一种图片拼好。

目的：既练习手眼协调，也练习由局部推断整体的推理能力。

5. 小流星

材料：木夹子，彩色布条。

方法：用木夹子将布条夹住，拿住木夹子向前投掷，木夹子携着布条像流星一样向前飞去。

6.儿歌

星星

一颗星，

两颗星，

天上星星数不清。

一盏灯，

两盏灯，

地上明灯数不清。

一颗星，

一盏灯，

天上神话讲不尽。

一盏灯，

一颗星，

地上故事讲不尽。

3岁智力训练3级

3岁智力训练3级训练步骤：

第一周

1. 宝宝体操（第一套）

2. 立定跳远

玩法：家长在方格砖或画线的地面上先做示范，上身略向前倾，双腿略蹲下，全身向前使劲跳跃，双足同时落地，保持身体平衡再站起。宝宝们称这种游戏为"跳格子"。先要求姿势正确，落地平稳不摔倒，熟练之后渐渐增加跳跃的距离。宝宝能跳过5~6寸的格子。

目的：锻炼身体爆发力。

3. 踩影子

方法：在阳光明媚的季节里，可带宝宝到室外开阔平坦的地面上玩踩影子游戏，教宝宝踩成人的影子，可不断变换方位，锻炼宝宝跑的动作和灵活反应能力。

目的：练习跑和动作反应能力。

4. 蜡笔画图

方法：将一张大纸放在桌上，成人先教宝宝正确握笔，让宝宝自由在纸上涂鸦。当宝宝无意中画了一个近似圆形的封口曲线时，先竖拇指给以"真棒"的表扬，然后家长在宝宝画的图中添加几笔。如果它是扁的或椭圆的，加上盘子的底部就成为盘子；如果它是圆形带尖，加上一柄变成梨子；如果是圆形带凹，加上一柄可成为苹果；如果几乎成圆形加上光芒就成为太阳。家长帮助宝宝作画，会使宝宝对画画有更大的兴趣，渐渐由乱涂而成为有目的学画。宝宝总是先画基础图形，之后才让成人帮助它变成某件东西，善于画画的家长，有丰富的想象力，能将宝宝无意画出的线条变成简单的图画。这种本领也容易被宝宝模仿，从而激发宝宝的绘画兴趣。

目的：提高孩子绘画兴趣。

5. 诗词

晚春

【唐】韩愈

草树知春不久归，

百般红紫斗芳菲。

杨花榆荚无才思，

惟解漫天作雪飞。

第二周

1. 宝宝体操（第一套）

2. 立定跳远

3. 学洗脸

方法：每天早晨的清洗步骤都是宝宝要学习的课题。先洗双侧眼角，然后用毛巾的尖角将鼻子内的脏物擦出来，再将毛巾在水龙头下洗净，清洗双侧耳廓耳背，然后洗净脸颊和颈部。家长可以一面示范一面检查，看宝宝是否将各部位都洗干净了，最后将毛巾洗净挂好。宝宝可以不必用肥皂洗脸，以免肥皂进入眼睛刺痛宝宝，使宝宝害怕而躲避洗脸。当宝宝某天做得很好时，父母可亲吻他以示表扬。

目的：培养讲卫生的好习惯。

4. 玩球

A. 捡球：让宝宝跑去捡滚动的球，这是宝宝乐于参与的第一步。

B. 接从对面滚来的球：让宝宝事先做好姿势准备，接滚到面前的球。在熟练的基础上渐渐学接滚到离自己较远的球。

目的：锻炼身体，提高身体反应能力。

5. 诗歌

望洞庭

【唐】刘禹锡

湖光秋月两相和，

潭面无风镜未磨。

遥望洞庭山水翠，

白银盘里一青螺。

第三周

1. 宝宝体操（第一套）

2. 立定跳远

3. "寄信"游戏

方法：为了让宝宝辨认不同的数字，可以用游戏的方法加深印象。比如，用10张纸分别写上1和2当作"信"。另用两个大纸袋表面贴上1和2放在房间的两个角落。爸爸和妈妈各站在两个大纸袋旁边检查信件。宝宝当邮递员，拿着10封信分别投到相应数字的纸袋信箱内，看宝宝能否辨认1和2。

这个游戏可以逐渐升级，"信"可以增加到3和4，看宝宝能否辨认数字准确投递。

4. 猜一猜

方法：家长提问，让宝宝回答。如"用什么盛米饭？""用什么削果皮？""用什么开锁？""外面下雨，出门要拿什么？""用什么把绳子断开？"等等。也可以请小朋友提问，有时宝宝说不出来，可以让他拿出东西由家长猜。有些3岁宝宝由于词汇太少，常常表达不清楚，如果家长不理解宝宝就会十分急躁，这时家长的态度十分重要，不能表现出不耐烦。如果经常玩"猜一猜"游戏，父母与孩子能够彼此了解对方的肢体语言，这对于亲子沟通是十分有利的。

目的：提高宝宝的反应能力及肢体表达能力。

5. 儿歌

蚊子

蚊子当"医生"，

出门去打针。

"打的什么针？"

"打的吸血针。"

给你一巴掌，

叫你"医生"当不成！

第四周

1. 宝宝体操（第一套）

2. 立定跳远

3. 给娃娃更衣

方法：无论男女宝宝都喜欢娃娃，而且更喜欢与自己性别相同的娃娃。父母给宝宝购买布娃娃，让宝宝学习为娃娃更衣，这也便于宝宝自己学习穿脱衣服。布娃娃的衣服最好较为宽松，用松紧带固定，如宽大的套头衫、松紧带裤子等，或者用粘贴尼龙代替扣子，这样方便宝宝替娃娃穿脱衣服。

平时家长也可以鼓励宝宝自己脱掉衣服、鞋袜，学习穿无扣的套头衫和背心。鼓励宝宝自己穿上无跟袜和鞋。宝宝初学时不懂得鞋子需分左右，家长可以告诉他鞋子左右的不同，让宝宝渐渐认识。有些女宝宝在3岁以前能分清左右自己穿鞋，多数宝宝需在3岁之后1~2个月才分清左右正确穿鞋。

目的：让宝宝学习穿、脱衣服。

4. 玩球

同小朋友玩围巾滚球：用旧的围巾，由小朋友抓住两端，让球在围巾中央滚动而不掉到地下。两个人的动作要配合得好，先让球在围巾中部滚动，以后可以让球在围巾中央弹跳，并用围巾接住。

目的：合作能力。

5. 儿歌

小猫咪

小猫咪，真调皮，

要上桌，蹬翻椅，

不吃饭，要吃鱼。

小猫咪，别淘气，

我拿纸，我拿笔，

画条鱼，来喂你。

3岁智力训练4级

3岁智力训练4级训练步骤：

第一周

1. 宝宝体操（第一套）

2. 吹泡泡

方法：家长和宝宝手拉手绕圈走，边走边念儿歌："吹泡泡，吹泡泡，吹成一个大泡泡，当心不要吹破了。"家长说"泡泡吹破了"，宝宝把手松开，当家长发出"哗"的声音时，宝宝向外跑开，可反复玩。

目的：练习走圆圈和按信号做动作。

3. 哪个装得多

方法：找大小不同的三个瓶子，先让宝宝们学习拧开螺口瓶盖，然后给瓶子配上盖，拧好。让宝宝玩一会儿，使他能准确无误地为三个瓶口配盖并拧上盖子之后，再做第二套游戏。将中号瓶子装满细沙，把瓶中的细沙倒入大号瓶子内，看看细沙占据瓶子多少空间，可以画上记号，再将大号瓶子中的细沙倒入放在盘子里的小号瓶内，看看瓶子装满之后洒在盘子内的细沙有多少。这个游戏要在成人看管下由宝宝学习将细沙从一个瓶倒入另一个瓶中，要求眼睛和手配合良好，尽量不让细沙洒到外面。等到熟练，倒入的细沙不洒出之后，可以用水练习。

目的：认识大中小及容量，锻炼手的精细动作。

4. 儿歌

怎么走

兔子走路蹦蹦跳，

乌龟走路爬呀爬，

鱼儿走路游呀游，

宝宝走路快快快。

第二周

1. 宝宝体操（第一套）

2. 双足运动

方法：家长同宝宝一起练习，可以手拉手，左脚站稳，右脚向前，向右，向后，尽量保持身体平衡，不向其他方向晃动。慢慢还原，然后用右脚站稳，左脚向前，向左，向后，然后还原。如果家中有方便扶手的设备也可以先用扶手练习，到身体能保持平衡之后试着完全不扶。学习上述动作大约每次要求单足站稳达3~5秒。

目的：练习身体平衡。

3. 认识植物

动物会跑，会自己寻找食物，比如找野果、树叶、野草等作为食物；植物不会跑，通过根、茎、叶，自己制造食物，不但供自己用，也养活了动物和人类。我们吃的大多数粮食就来自植物的种子，有了植物人类才能生存。

4. 镜中人

宝宝和妈妈对坐，妈妈做动作，宝宝模仿，就像在镜中一样。例如举左手挠鼻子、噘嘴、吐舌头等。当然动作越古怪就越能给大家带来乐趣。

角色可以互换。

5. 诗词

赠花卿

【唐】杜甫

锦城丝管日纷纷，
半入江风半入云。
此曲只应天上有，
人间能得几回闻。

第三周

1. 宝宝体操（第一套）

2. 双足运动

3. 认识天气

方法：宝宝们都喜欢在有太阳的日子到户外玩耍，寒冷的冬天有了太阳也会觉得温暖。在北方，宝宝们非常喜欢下雪，可以在雪地里打雪仗、堆雪人。阴雨天宝宝们只能在家中，而且阴天会影响人的情绪，不如晴天快乐。宝宝们自身有所感受，就会注意天气，而且喜欢同成人一起听天气预报。有些宝宝还因此学会了跟随广播预报天气，会说"北京晴，风力1~2级，最高气温10度，最低气温零下1度"。也会背诵不少地名，如天津、上海、南京、杭州等，连乌鲁木齐、呼和浩特一串四个字的地名也会背诵。经常看电视的宝宝如果家庭有放大的地图，每当听到上海、南京、重庆等地名时也会从地图上指出正确位置。

目的：认识气候变化。

4. 穿背心和套头衫

方法：先找出一件前面有动物图案的背心或套头衫，让宝宝识别前后，看清领口前面比后面低些的特点，然后将两手伸到袖口或背心的袖洞内双手举起，将衣服的领洞套在头上，借手帮助将衣服过头而穿上。这种方法最适宜从夏季开始，一来夏天衣服简单，二来夏天天气热，宝宝动作再慢也不至于着凉。夏天让宝宝学会自己穿上套头衫和松紧带裤子就行了，到秋天时渐渐增加衣服，也是一个慢慢学习的过程，那时自己穿衣也就不觉得太困难了。

目的：培养自己穿衣服的自理能力。

5. 诗词

寻胡隐君

【明】高启

渡水复渡水，

看花还看花。

春风江上路，

不觉到君家。

第四周

1. 宝宝体操（第一套）

2. 双足运动

3. 学习礼貌语言

家庭中要注意应用礼貌语言，通过日常的模仿宝宝很容易学习。例如每天早晨起床要问"您早",家长可以先做示范,每天早晨第一次遇到人时要说"您早"。平常家长让宝宝干一些杂事时,不要忘记说"请"字,当他递过来时说"谢谢"。同样,也要求宝宝在请求父母帮忙时说"请",父母帮忙后也说"谢谢"。这样互相尊重才能培养出讲文明、懂礼貌的宝宝。

当自己离开家或家人离开时要互道"再见",晚上睡前要说"晚安"。有亲朋来访时要问候"您好"或说"叔叔阿姨好"。客人离开时一定要送出门口,并请客人有空再来。客人带来的小朋友由小主人负责接待,拿出玩具共同游戏。如果宝宝躲避怕生,父母不要强求,千万不要在客人面前数落宝宝。待客人离开之后,只有两个人时才告诉他应该如何去做,鼓励宝宝主动与人交往。

有些宝宝特别胆小怕生,不要勉强叫"叔叔"或"阿姨",如果宝宝不作声就不必勉强,以免由于害怕而重复发音出现口吃,甚至害怕见陌生人。

目的:培养有礼貌的习惯。

4. 讲故事

拔萝卜

有只小白兔,开了一片地,种了一些萝卜。它常常浇水、上肥、拔草,因此萝卜长得很大很大。小白兔心里很高兴。

秋天到了,小白兔去收大萝卜,拔呀拔,拔不起来。小山羊跑来帮它拔。

小山羊拉着小白兔,小白兔拉着大萝卜,拔呀拔,还是拔不起来。花公鸡看见了,也跑来帮它们拔。

花公鸡拉着小山羊,小山羊拉着小白兔,小白兔拉着大萝卜,拔呀拔，还是拔不起来。小黄鸭看见了，也来帮它们拔。

小黄鸭拉着花公鸡，花公鸡拉着小山羊，小山羊拉着小白兔，小白兔拉着大萝卜，拔呀拔，拔呀拔，拔起来了。

大家说："团结起来力量大！"

3岁智力训练5级

3岁智力训练5级训练步骤：

第一周

1. 宝宝体操（第二套）

家长与宝宝面对面站好，然后边说儿歌边做动作。

儿歌——动作

早上起得早——身体稍前倾，两臂往腹前斜上举。

我来做早操——两臂侧平举，上下挥动两次。

风儿吹一吹——两臂上举，在头上左右摇摆。

太阳照一照——两臂从胸前往下移。

跑一跑——原地踏步。

跳一跳——原地双脚跳。

锻炼锻炼身体好——原地踏步，同时拍手。

此体操可根据宝宝具体情况，每次可做三遍。

2. "保龄球"

方法：在离宝宝滚球起始线1~2米的地方，放一些空矿泉水塑料瓶。家长教宝宝蹲下将球向目标滚去。若击中目标，应表扬鼓励宝宝；若击不中目标，让宝宝把球拾回来重来。

3. 装上套筒

方法：套叠玩具中有套碗、套塔和套筒，都是这个年龄最好的玩具。套碗有圆的、方的、三角形的以及其他不同的形状。套碗有6~9个，按大小顺序将碗打开，再依序套上。套塔的中央有柱，依大小顺序将中央的圆孔套入柱上形成塔状。这两种比较容易，手巧的宝宝在20~24个月时基本就能装得很好。

套筒是一系列筒状的小盒子，每个有盖，要将每个盒子螺旋盖打开。先装上最小的，依序放入，最后放进最大的套筒内。由于有拧开和盖上的过程，故较套碗和套塔来说，套筒略难一些。

宝宝常常会漏放某一层，而重新将盒子打开，经过若干次试放才能全部套好，为此一个玩具能吸引宝宝玩上半个小时甚至更长时间。套叠玩具的优点是它按大小秩序排列，使宝宝从过去认识的大、中、小更进一步分成一个比一个大，以及认识一个比一个小。在宝宝依序排列时渐渐认识了数序关系。如果家长常常教导宝宝数数，将最小比作1，略大一些的比作2，每次套一个说出一个数，宝宝就会很快理解数序的意义。

目的：练习按从小到大或从大到小排列，渐渐认识数序。

4. 讲故事

四只小蚊子

夏天的晚上，农村家庭喜欢点蚊香，驱除蚊虫。

有四只蚊子——蚊老大，蚊老二，蚊老三，蚊老四，躲在角落里，想等烟雾散了，再偷偷地飞出来。

它们飞到一个院子里，看见有个老爷爷和他的小孙子正在乘凉。蚊老大说："快，咱们偷偷去叮在老爷爷的腿上，狠狠地吸他一口血！"

蚊老二、蚊老三和蚊老四都说："我们要吸那小宝宝的血，那才美哩！"

蚊老大的嘴最馋，第一个向老爷爷冲去。这时候，一只蝙蝠正张着嘴巴向它飞来，"呼"的一声，就把蚊老大吞下了肚。

蚊老二、蚊老三和蚊老四吓得没命地向墙角飞去，想赶紧躲一躲，喘口气。

蚊老二逃得最快。它刚刚飞上墙壁，忽然，蹿来一只壁虎，一口把它吃了。

壁虎的本领可大呢！它的手掌心里有吸盘，能够稳稳当当地在墙壁上跑；它那灰色的外衣，同墙壁的颜色差不多，谁也不会注意。

蚊老三和蚊老四见蚊老二被壁虎吃了，吓得转身就逃。它们一面飞，一面偷偷地商量："咱们还是到草丛里躲一躲，那里比较安全。"

蚊老四最狡猾，它老跟在蚊老三后面。这样，一遇到危险，它就可以赶紧逃开。

它们一前一后，向草丛飞去。蚊老三刚在一棵青草上站住，忽然，从草丛里伸出来一条长长的舌头，把它卷了去。原来那是躲在草丛里的一只青蛙。青蛙是用舌头捉害虫的。

蚊老四见蚊老三被青蛙吃了，马上就逃走了。

蚊老四心里想：蚊老大、蚊老二和蚊老三全都是笨蛋，谁叫它们飞得那么慢！

没想到它刚飞到树梢上，就被蜘蛛网牢牢地粘住了。它拼命挣扎，可是一点儿也没用。它放开喉咙大声叫嚷："快快把我放下！要不，我把网撕破了，可别怪我！"

它骂呀，跳呀，可是，蜘蛛才不去理睬它呢。

最后，蚊老四成了蜘蛛的一顿晚饭。

问题：

1. 蚊老大给谁吃了？蚊老二给谁吃了？蚊老三给谁吃了？蚊老四被什么粘住了？

2. 从这个故事里，你知道了哪些动物是益虫？

第二周

1. 宝宝体操（第二套）

2. 认识交通工具

方法：准备一系列画有交通工具的图片，让宝宝认识交通工具的名称和图片的背景。如飞机在空中飞，游艇在公园的湖中游，大街上有公共汽车和出租车，也有许多人骑自行车和摩托；城市地下有地铁，各城市之间有火车在铁路上跑。不同用途的汽车有特殊的名称，如送病人的救护车，送货物的货车，洒水的洒水车和扫地的清扫车，还有清洁厕所的粪车，等等。

在图片上学过的知识最好要实地观察，有时宝宝会发现许多新鲜事物，如建筑工地的推土机、挖土机和大吊车，军事活动中用的坦克，海中的潜水艇，空中的轰炸机，甚至飞到宇宙去的宇宙飞船等。只要宝宝真实看到过的东西，对于家长介绍的名称就会留下深刻印象。

目的：认识每种交通工具的应用场所。

3. 理解"一样多"概念

方法：先从分食品学起。分糖果时，每人一块，大家"一样多"。分瓜子或花生，每人3颗，也是"一样多"。由于宝宝暂时手口不能同步，所以分东西时往往每人1颗，再第二轮又每人1颗，第三轮也是每人1颗。家长不要着急，等宝宝走上几圈已经感觉到累时，再告诉他如果手中一下抓住2颗或3颗就可以一次分完。这时宝宝也愿意用手去学习抓"一样多"的东西。由于宝宝目前只会识1~3，所以暂时学习每人2颗或每人3颗都是"一样多"。熟练之后，渐渐就可以增加至4和5。

目的：学习相等的概念。

4. 讲故事

兔子变样子

从前，兔子有一对短耳朵，一条毛茸茸的长尾巴，非常可爱。兔子很顽皮，常常用尾巴去扫狐狸的脸。狐狸很恼火，想了个办法。

一天，兔子看见狐狸钓了很多鱼回来，馋得流下了口水。狐狸就告诉兔子一个钓鱼的秘密。兔子按照狐狸的办法，忍着寒冷，整整一夜把尾巴泡在河里钓鱼。

天亮了，河水结了冰，兔子的尾巴怎么也拔不出来啦！兔子求乌鸦拉他的耳朵，帮他从冰里拔出来。乌鸦拉呀，拉呀，把兔子的耳朵拉长了，尾巴还是拉不出来。

兔子求猴子帮忙，拉呀拉，把兔子的尾巴拉断啦！从此，兔子变了样，变成长耳朵、短尾巴，再也不吃鱼了。

问题：

兔子本来是什么模样，后来为什么耳朵变长、尾巴变短了呢?

第三周

1. 宝宝体操（第二套）

2. 猜声音

方法：饭后休息时，请大家闭上眼睛，家中每人说一句话，让宝宝猜猜，是谁在说话。说话的人可以随意模仿老人、小孩或别人的说话习惯，看看宝宝能否猜出是谁在讲话。轮流的次序以传递娃娃或传球来决定，谁手中有此物就可以表演，每个人都参与分辨，所以游戏会越来越有趣；或者学动物叫猜猜是什么动物，谁在表演，升级游戏的难度。

目的：分辨声音。

3. 走单排砖

方法：用普通长方形的砖10~12块按窄面连接成一排，每两块砖之间分开一块砖的距离，让宝宝在上面学习行走。砖厚约5厘米，宝宝在砖上能顺利行走保持身体平衡后，可在两块砖上放一条木板。木板长度可渐渐增加，而且拐弯，使宝宝能随木板来回走，学会转弯而不跌倒。

目的：维持身体平衡。

4. 诗歌

孙悟空打妖怪

唐僧骑马咚了个咚，

后面跟着个孙悟空。

孙悟空，跑得快，

后面跟着个猪八戒。

猪八戒，鼻子长，

后面跟着个沙和尚。

沙和尚，挑着箩，

后面来了个老妖婆。

老妖婆，真正坏，

骗过唐僧和八戒。

唐僧、八戒真糊涂，

是人是妖分不出。

分不出，上了当，

多亏孙悟空眼睛亮。

眼睛亮，冒金光，

高高举起金箍棒。

金箍棒，有力量，

妖魔鬼怪消灭光！

第四周

1. 宝宝体操（第二套）

2. 耳语传话

方法：妈妈在宝宝耳边说一句话，让宝宝跑到爸爸身边，告诉他妈妈刚才说了什么，由爸爸将话再讲出来，看宝宝是否听清了妈妈的话，并能正确地将话传出去。耳语是一种特有的沟通方式，它声音低，不让他人听见，而且只能听声音，不能同时看眼神和动作。宝宝很喜欢耳语，因为它有一种不让别人知道的神秘感。然而，由于宝宝尚处于语言的学习阶段，光靠听觉，没有其他辅助方法要听懂耳语有一定的难度。刚开始时只说一个物名或三个字的短句，让宝宝第一次传话成功，增强信心以后再渐渐加长句子，并增加难度。

目的：听懂耳语，传话正确。

3. 顶包踢球

画一个圆圈，里面放几个皮球。在头上顶一个沙包，进入圈内，看谁不掉包踢出圈外的球多。可以全家玩，注意提高宝宝玩耍的兴趣和积极性。

4. 猜谜语

有位老公公，

天亮就出工。

要是公公不露面，

不是下雨就刮风。

（谜底：太阳）

3岁智力训练6级

3岁智力训练6级训练步骤：

第一周

1.宝宝体操（第二套）

2.我学小兔蹦蹦跳

方法：在活动范围内画两条相隔10~15厘米宽的平行线。家长边教宝宝分别把两只手放在头顶上，边说"我学小兔跳一跳"，然后双腿用力跳过"小河"。然后说一句"离家太远了，咱们还是回去吧！"再带宝宝跳回原处。

目的：锻炼身体，练习跳的动作。

3.宝宝自己吃饭

方法：宝宝1岁半时就能用勺子试着自己吃饭了，但常常不能自己吃完一顿饭，往往吃完一半或大半后成人还要稍加帮助。经过近一年的练习，多数宝宝都在两岁1~2个月时能自己将碗中的东西吃干净。

培养宝宝独立生活的能力，让宝宝自己吃饭是重要的起点。关键是父母的坚持，尤其是祖父母帮助照料宝宝时更应注意坚持让宝宝学习自己吃饭，不要总是追着孩子喂饭。只要父母和祖父母重视这个问题，到了两岁半，宝宝就可以自己独立吃饭了，不需要成人帮忙。

目的：培养自理能力。

4.诗词

小池

【宋】杨万里

泉眼无声惜细流，树阴照水爱晴柔。

小荷才露尖尖角，早有蜻蜓立上头。

第二周

1.宝宝体操（第二套）

2.走平衡木

方法：在离地10~15厘米的平衡木上学习行走。家长可先单手扶宝宝在平衡木上来回走几次，使宝宝习惯在高处行走，然后让宝宝扶着棍子，家长扶棍子另一端，在一定距离内陪着宝宝走几次，渐渐手离开棍子让宝宝自己在平衡木上行走。鼓励宝宝展开双臂以保持身体平衡。

学会自己走平衡木之后，可以再进一步在头顶放一本薄书，让宝宝在平衡木上走走，也可学习在平衡木上做一套动作，如举右手，举左手，抬右脚，再抬左脚，身体转一圈再走等。

目的：练习控制身体平衡。

第三周

1.宝宝体操（第二套）

2.画方形、写汉字

方法：会握笔的宝宝在会写"十"字的基础上能很快学会画正方形。

正方形的要求是四个角都是直角。有些宝宝在此基础上还学会画长方形，会画正方形就可以开始学写汉字了。先学写笔画少的汉字，如一、二、三、十、上、下、中、人、大、天、土、工、王等。

宝宝最喜欢变戏法，用小黑板或写字板将使宝宝在游戏中学会许多字形相近的汉字。如汉字"一"，再添一横成"二"，再添一横成"三"。"人"字加一横变"大"，再加一横又成"天"。先画一个"十"字，在右上方加不出头一横，去掉下方出头的竖，变成"上"；在"十"字右下方加一点，去掉上边出头的竖，就成为"下"。一边加一边讲，再让宝宝自己试，宝宝在变戏法的活动中学会了边认边写汉字。又如先画一个小方形叫"口"，在当中加一横变成"日"，在上边加一撇为"白"，再在上面加一横又成"百"。相似的汉字放一起学会便于分辨，比如，"人"和"八"只差当中是否合拢。边写边认易于牢记，要用小字卡写出来让宝宝多次认读，看卡再学写才能巩固效果。

宝宝学画正方形，将它拉长就成长方形，如同家中的冰箱。如果将圆形拉长就成椭圆形，将圆形切一半就成半圆。如果将正方形对角斜切开就成三角形，将正方形压扁，上下角为锐角，两对角为钝角称为菱形。将正方形或长方形左右两边略微移动，使上边短、下边长就成为梯形，如同师傅上房顶时用的梯子一样，上小下大才能放稳。经过学习，两岁半的宝宝能学会4~5种形状，甚至认识红旗上的五角星。

目的：学习辨别几何图形，并练习写汉字。

第四周

1. 宝宝体操（第二套）

2. 用杯子倒水

方法：宝宝的手越来越灵活了，过去是用细沙来学习，现在可以用水来学习，在两只杯中倒来倒去而不洒不漏。宝宝若经过一番练习能达到这种水平是应该受到赞扬的。如果一时做不好，可以用口径大一些的塑料杯，水只装到杯子的1/3。父母要注意水不可以装过半，越满越容易洒出。学会了用杯和碗之后，可以学用大口瓶子，瓶口径为3厘米左右，选用塑料瓶子练习，不宜用玻璃瓶，以防打碎，玻璃片刺伤宝宝。

目的：锻炼手眼协调能力。

3. 识别动物特点

方法：3岁之前，宝宝玩过的看图识物的图片现在又有了新的用场，之前只是辨识动物的样子，现在要进一步要求宝宝说出各种动物的特征。例如大象，有长长的鼻子，它的鼻子能将食物卷起放入口中，还能卷起木材和较重的东西。兔子有两只长耳朵；长颈鹿的颈很长，可以吃到树顶上的嫩叶；老虎和豹也不同，老虎的身上是条纹，豹身上有一个个金钱形状的圆点，因此叫金钱豹。这些动物都有四条腿，能在山上、树林中跑，寻找食物。

会飞的鸟类都有翅膀，这是由前面两条腿变成的，它们在冬天会飞到温暖的南方过冬，春天又飞回北方。它们也能靠两条腿在地上走动。

鱼类没有腿，腿都变成鳍，帮助它们在水中游泳。它们的尾巴特别有用，可以在游行过程中定方向，鱼以水中的动植物为食，在水中才能生存，离开水就会很快死亡。

宝宝们很喜欢动物，可以很快记住它们的特点和生活习性，平时也可以带宝宝去动物园看看，这是宝宝们喜欢去的地方。

目的：找出事物的特性。

3岁智力训练7级

3岁智力训练7级训练步骤:

第一周

1. 宝宝体操(第二套)

2. 小鸡吃米

方法:家长扮鸡妈妈,宝宝扮小鸡,家长教宝宝把两个手指相抵放到嘴边,带宝宝绕圈走,边走边说:"小鸡小鸡叽叽叽,跟着妈妈去找食,小鸡叽叽叽,快快把米吃!"说完低头弯下腰,头上下点动学吃米的动作。

目的:练习走和弯腰动作,提高身体平衡能力。

3. 自己洗脚

方法:宝宝长大了,会自己洗脸、洗手,也应当学习自己洗脚。在洗脚之前应当将拖鞋和擦脚布准备好,将肥皂放在顺手就能拿到之处,再去准备盆和温度适宜的水。母亲口头指导脱去鞋袜,将脚放入盆中,用肥皂将脚趾缝、脚背、脚后跟都洗干净,用擦脚布擦干,穿上拖鞋。

让宝宝自己洗脚,一来学习自理能力,二来可理解让大人低头弯腰照料自己的辛劳。尤其是不应当让爷爷奶奶低头弯腰去照料自己,因为这会使老年人倍感辛劳。

目的：培养自理能力。

4.讲故事

好朋友回来了

妈妈在剥豆子，淘淘帮妈妈一起剥。一颗、两颗、三颗……淘淘剥的豆子和妈妈一样多。妈妈亲亲淘淘的小脸，说："谢谢你，好朋友。"

爸爸在浇花，淘淘帮爸爸一起浇。一朵、两朵、三朵……淘淘浇的花和爸爸一样多。爸爸握握淘淘的小手，说："谢谢你，好朋友。"

淘淘心里乐滋滋的，他对自己说："妈妈叫我好朋友，爸爸也叫我好朋友，真不错，我有两个好朋友啦！"

一天，妈妈听幼儿园的老师说淘淘的膝盖摔破流血了，于是赶紧带淘淘去处理伤口，然后抱淘淘回了家。淘淘回家后，什么也没对妈妈说，就坐在小凳子上玩玩具。爸爸说："淘淘，妈妈把你抱回来，你怎么没对妈妈说'谢谢'？"淘淘说："妈妈是我的好朋友，她应该帮我做事情，不用说'谢谢'。"

晚上，爸爸给淘淘削好了一个苹果，淘淘接过来，高高兴兴地吃起来。妈妈说："淘淘，你还没说'谢谢'呢！"淘淘说："爸爸是我的好朋友，他应该帮我做事情，不用说'谢谢'。"

爸爸妈妈摇了摇头，说："我们不做淘淘的好朋友了，好朋友飞走了！"

第二天早上，妈妈给淘淘腿上摔伤的地方擦红药水，淘淘说："谢谢你，妈妈！"

妈妈说："不用谢，我们是好朋友。"

爸爸背淘淘上托儿所，淘淘说："谢谢你，爸爸。"

爸爸说："不用谢，我们是好朋友。"

淘淘高兴极了，但他又很奇怪，咦，好朋友怎么又飞回来了？

父母可利用日常小事教宝宝正确、恰当地运用礼貌语"谢谢"，培养文明习惯。

第二周

1. 玩面团

方法：家里包饺子时一定请宝宝参加，给他一个小面团，让他学着捏。他会学大人的样子将面团搓圆，用手掌压扁，或者将搓圆的面团再拉成条。他会用一根筷子当擀面杖，将面团碾成片。总之这个小面团也成了宝宝的小玩具，使他高兴半天。如果要让面团保持柔软湿润，可加一点盐和1~2滴甘油。为了提升美感还可加上一点水彩的颜色，这样就可以得到不同颜色的面塑。如果再加1~2滴蜂蜜，捏出来的东西表面光滑，没有裂痕。

宝宝可以通过捏面塑锻炼手的灵巧度。例如从圆的面团压扁成片，就可以变成盘子或碗，再捏一小条粘在一侧当柄就变成一个小杯；又或者捏一个圆球，插上一根火柴，变成苹果或梨；还可以捏一个大球，上面加一个小球变成一个不倒翁，家长可在上面画出五官，这个面团在宝宝手中可以有许多变化。

目的：锻炼手的灵活度。

2. 爬攀登架

方法：将三层攀登架固定好，每层之间距离为12厘米（不超过15厘米），家庭中可以利用废板材或三个高度相差10~12厘米的大纸箱，两面靠墙让宝宝学习攀登。农村宝宝利用低矮的树木也可以学习攀登。攀登时手足要同时支撑体重，利用上肢的机会较多，这样可以锻炼双臂的肌肉支撑自己的身体。

攀登要有足够的勇气。当然事先要检查好攀登架是否结实牢靠，支撑点会不会打滑等安全因素。而且家长要在一旁监护，同时鼓励宝宝敢于攀登。如果几个宝宝同时攀登，要防护彼此蹬踢、打闹而造成伤害。

目的：锻炼勇敢的性格，提升协调四肢、平衡身体的能力。

3. 数字游戏

有趣的"1"

目的：学习集合、对应、分类和量词概念，培养概括能力和表达能力。

准备：积木4块，玻璃球6个，塑料花3朵，苹果5个，花瓶1只，盆1个，塑料袋1个。

玩法：

①分东西：父母和宝宝一起分。在一张桌子上放上积木、玻璃球、塑料花、苹果等，在另一张桌子上放花瓶、盆子、塑料袋等。

②取东西：让宝宝任意取一样东西后，教宝宝说"我拿了一朵花""我拿了一个玻璃球"等。

③放东西：让宝宝把同一类东西全部取出，放入另一桌上相应的容器内，并教宝宝正确说出有关量词，如"一瓶花""一盒积木""一盆玻璃球""一袋苹果"等。

④把容器里的东西互换，教宝宝说出改变后的正确量词。如苹果和玻璃球调换后，应说"一袋玻璃球""一盆苹果"。

第三周

1. 宝宝体操（第二套）

2. 背数和点数

方法：宝宝学会从1背到10，很容易就能再往上背到20，但是点数就困难得多。很多宝宝嘴上背数很快，但手跟不上，而且手常常随意乱点，只有开头几个数能对得上。所以这时不必急于让宝宝学点数，可以让宝宝学习按数取东西。如"给我1个""2个""3个"，看看能否拿对。如果能拿对3个就很不错了，有些宝宝会嘴上说着"3"手上却拿"4"。宝宝每拿对1次应该给予表扬。渐渐地，宝宝就学会点数了。

日常生活中让宝宝摆饭桌是很好的练习方法，家中3口或4口人，每人一个碗，先将碗摆好。每人一双筷子，宝宝仅能取一双摆一双，渐渐学会取两双摆两双，取两次才能摆齐。饭后分水果时也让宝宝去分，让他通过食物认识数。

宝宝的玩具也是点数的目标，如有几个娃娃、几个动物、几个盒子、几辆车等。有时可以告诉他放几块积木在盒子中，或穿珠子时先穿一个红的，再穿两个白的、一个黑的，让宝宝一面穿一面点数。拼图可以数现在已学会拼几块图了，使宝宝在玩耍时学习点数和数数。

目的：从背数过渡到点数。

3. 知道不同职业的称呼

宝宝经常会遇到不同职业的人，如：乘公共汽车时，认识售票员和司机；到医院看病时认识医生和护士；跟妈妈去商场时认识售货员；在家会遇到给家里送包裹的快递员。家长要随时给宝宝介绍不同职业的工作的价值，使宝宝学会尊敬各行各业的人，如：不随便扔东西，以免清洁工阿姨辛苦；把碗盘中食物吃干净，以表示尊敬做饭的人；看病时尽量不哭不闹，使医生把病诊清楚以方便治疗，等等。

4. "盲人"用餐游戏

目的：通过味觉、嗅觉，认识调味品以及其他食品的味道，使宝宝知道舌头的用处。

做法：

①先找一条丝巾，用来蒙住眼睛。

②提出游戏规则：不用眼睛看，不用手摸，只能尝一尝或闻一闻，然后让宝宝辨别食物名称并描述食物味道。

③把宝宝平素不爱吃的食物做成菜肴，通过尝一尝的游戏，让他喜欢吃。

如：胡萝卜切成薄片，或切成细丝，或煮烂。

④调味品：醋、酱油、酒……用鼻子闻并说出名称。

⑤区别比较：大米饭和糯米饭、红豆汤和绿豆汤以及其他口味相近的蔬菜、水果等。

作用：通过游戏促进宝宝食欲，并让宝宝了解舌头的功用。

第四周

1. 宝宝体操（第二套）

2. 学会等待

方法：三岁的宝宝往往脾气急躁，尤其是想要的东西不能马上得到时就会发脾气，因此要让宝宝学会等待。例如：妈妈正在做饭，但是宝宝早已饥肠辘辘，这时尽量不要给他吃零食，否则吃饭时宝宝就没有胃口了。妈妈应当请宝宝来当"助手"看看桌子摆好没有，帮助清洗盛菜的盘子等。宝宝一面忙碌着，一面耐心等待，这样等到开饭时胃口自然很好，也能自己将饭菜吃完。

有时，宝宝看见别的小朋友手里有个好玩具，很想玩一下，但人家又不放手。这时妈妈应当想办法转移宝宝的注意力，让宝宝去注意其他好玩的东西，如去逛逛商店、看看周边的美丽风景。如果宝宝仍然想念那件玩具，要让他明白，现在没办法立马买到相同的玩具，等下次去商场时再买。要让宝宝学习等待。

在儿童游乐园中，玩滑梯、坐碰碰车、坐模拟飞机等都要买票，而且排队才能玩。因此，要教导宝宝耐心等待，遵守规则，才可以享受玩的快乐。

等待在生活中是免不了的，要从三岁宝宝能听懂解释的时候起，经常找机会让宝宝学习忍耐，这是性格培养中必不可少的一步。

目的：锻炼忍耐的性格。

3. 钻洞

方法：钻洞时必须用四肢爬行，低头或侧身子才能从洞中钻过，宝宝很喜欢钻洞。许多家长常埋怨，家里哪里打扫不到宝宝就往哪里钻。宝宝有时还将一些玩具带到床底下去玩，因为宝宝需要有一个属于自己的小空间。为了满足宝宝这个愿望，可以利用大包装箱，在箱的一侧开个"门"，另一侧开个小窗户透入光线，宝宝可以把这个小箱作为自己的家，将一些小东西带进去玩，也可以带一个朋友进去做客。宝宝在钻进钻出的同时锻炼了爬行能力。

四肢的轮换运动也是有秩序的运动，可使小脑和大脑同时活动。美国费城人类潜能研究所的专家认为，缺乏爬行练习会影响宝宝将来入学后的阅读能力。他们曾观察非洲的儿童，在有毒蛇的地区，宝宝几乎没有爬行练习，上小学时则有阅读困难的表现，而在没有毒蛇的地区，宝宝经常在草地上爬行玩耍，入学后很少有阅读困难的表现。他们还利用爬行来锻炼脑受伤的患儿，经过一些练习之后，患者有了程度不同的进步。因此，要创造机会让宝宝练习四肢爬行，而钻洞既培养了宝宝爬行的能力，也为将来练习越过障碍打下了基础。

目的：使宝宝能钻过比身高矮一半的洞穴，锻炼克服困难的勇气。

4. 讲故事

点金子

很久以前，有一个国王，名叫迈德斯，虽然他有很多钱，但他很贪心，一心想要更多的金子。

有一天，他请求上帝给他很多很多的金子。上帝说："可以，从明天起，凡是被你的手碰到的东西都将变成金子。"

第二天，他起床穿衣服，衣服变成了金子；他拿毛巾去洗脸，毛巾变成了金子。他高兴极了！他走到餐室里准备用早点，刚端起一杯牛奶，牛奶变成了金子。金子不能吃，不能喝，他只好饿着肚子。

他走到花园里，美丽的玫瑰花开得十分艳丽。国王走过去，刚摘下一朵，这花立刻变成了金子。

国王的小女儿在花园中玩，看见爸爸，高兴地跑过来。国王非常爱他的小女儿，刚把她抱起来，可怜的小姑娘立刻变成了一尊金雕像。

国王哭得很伤心。他该怎么办呢？

国王请求上帝，收回他的点金术，还他可爱的小女儿。上帝说，花园旁边有一条小河，可以帮助洗去他的点金魔法。国王立刻跑到河边，拼命洗手。洗了好久，他急急忙忙奔向金雕像，雕像又重新变成了国王的小公主。由此，国王迈德斯明白了，金子并不能带来真正的幸福。

3岁智力训练8级

3岁智力训练8级训练步骤：

第一周

1. 宝宝体操（第二套）

2. 小猫吃鱼

方法：画好几条鱼，涂色，剪下，分别摆在两层以上的台阶上，让宝宝扮作小猫，家长一边说儿歌："小花猫，上高台，吃完鱼，走下来。"一边教宝宝自己走上台阶去拿小鱼（可蹲下，也可站在低层弯腰取高层的小鱼），再从台阶上自己走下来。

目的：练习攀登及蹲下的动作，培养动作的协调性。

3. 洗手绢

方法：宝宝很喜欢玩水，也喜欢玩肥皂，可让他用肥皂将自己的手绢洗干净，漂洗干净后再晾晒在自己够得着的地方，嘱咐他要自己留心察看，并记得将晾干的手绢收好。会洗手绢之后，下一步是洗自己的袜子，看看宝宝能否将袜子洗净。

目的：培养自理能力。

4. 讲故事

雪花

一片、两片、三片……一片片的白雪花儿从天上飘下来。

雪花飘呀，飘呀，不一会儿工夫，大树杈上，屋顶上，大地上，都盖上了一层白色。

小黄狗从屋里跑出来，快乐地跳着、叫着："汪汪汪，下糖啦，下糖啦，大家快来看呀！"

小花猫从屋子里跑出来，摇了摇尾巴说："喵喵喵，下盐啦，下盐啦，大家快来看呀！"

小黄狗听见了说："汪汪汪，不是盐，是糖！"

小花猫说："喵喵喵，不是糖，是盐！"

说着说着，小花猫和小黄狗"喵喵喵""汪汪汪"地吵起来了。小花猫说是盐，小黄狗说是糖。

老母鸡听见了，一步一步走过来，扇扇翅膀说："咯咯咯，你说是盐，它说是糖，是盐，是糖，让我尝一尝。"老母鸡说着，就用嘴一啄一啄……从地上啄了些雪花尝了尝，睁圆了眼睛，伸了伸脖子说："咯咯咯，不是糖，不是盐，不甜也不咸，吃在嘴里冰冰凉凉，这是什么呢？"

小黄狗、小花猫抢着说："是雪，是雪！"老母鸡说："对呀！我们大家来堆雪人吧。"

第二周

1. 宝宝体操（第二套）

2. 配对与排列

方法：两岁前后宝宝就能玩配对游戏。如图片配对，在众多图片中找出相同的动物、水果、日用品等。颜色配对要在两岁半前后，当宝宝已学认4~6种颜色时，用颜色相同的图片配对，或用颜色相同的物品配对都是很好玩的游戏。两岁半前后，宝宝已认识若干汉字，可以做字卡配对，用白纸剪成小方片，每个汉字写两块，将字卡混在一起，让宝宝将相同的字配对。还可以做数字配对，以促进宝宝学认数字和分辨写法近似的数字，如3和8、6和9，另外2和5有时也容易混淆，可以通过配对使宝宝学会正确掌握1~10这10个数字。

排列是在配对基础上进一步的游戏，用制好的骨牌或纸牌，也可以用自己做的汉字或数字卡片，每张卡片的两端各写不同的汉字或数字。玩时任选一张卡片作为第一张，然后将此卡片的其中一端作为配对的起始字符，再选与其配对的卡片接上，摆成长列。可以两三个人一起玩，看谁最先把手中的卡片排完。每次可加入1~2个新的字卡，使宝宝认识新的汉字或数字。

目的：培养观察力，巩固所学物名、颜色、数字和汉字。

3. 讲故事

快点吃药

小刺猬感冒了，它发烧流鼻涕，还打喷嚏。妈妈让小刺猬吃药，他嫌药苦，怎么也不肯吃。鸭子大婶正好来做客，她说："吃吧，乖宝宝，吃了药我给你吃花生巧克力！""不，"小刺猬说，"我不吃巧克力！"

爸爸生气了，他说："你不吃药会病得越来越重，还会死掉的！"

"骗人，"小刺猬说，"上次小乌龟没吃药，不也好了吗？"

爸爸说："小乌龟没吃药，可他去医院打针了，才治好感冒的呀。"

小刺猬拉过被子把头蒙住，任凭爸爸、妈妈怎么劝说，就是不肯吃药。

正巧，小白兔从小刺猬的窗户前路过，听见小刺猬不肯吃药，就走进来说："小刺猬，后天，小动物一起到大森林里去玩，你去吗？"妈妈摇头说："不行，不行，我家小刺猬病了，不能去。"

小刺猬一下从被子里伸出头来，叫道："我要去，我要去，我的病马上就会好的！"小白兔说："是的，我想小刺猬吃了药以后，病一定能很快好。""妈妈，快点给我吃药。"小刺猬很快就把药吃下去了。

第三天，小刺猬的病真的好了，和小动物一起到大森林里去，玩得可高兴了。

妈妈可在劝宝宝吃药前讲这个故事，讲完后，趁宝宝还沉浸在故事情节中时，立即给宝宝喂药，也许宝宝会轻松地把药吃下去。

第三周

1. 宝宝体操（第二套）

2. 骑三轮车

方法：脚踏的三轮车比电瓶车更有用，有一种矮小自行车，后面有两个轮子可以放下来，就跟三轮车一样，这种车适用于4~5岁的宝宝，当宝宝学会之后，把两个后轮收起来就变回两轮自行车。2岁半到3岁的宝宝由于平衡和协调能力较差，骑三轮车更为安全。宝宝先学习向前蹬车，家长在旁扶持、监护，熟练之后，宝宝自己会试着左右转动和后退，双足同时踏，配合双手调节方向，身体依照平衡需要而左右倾斜，这些都是十分重要的协调练习。

目的：练习骑儿童三轮车。

3. 购物小助手

方法：带宝宝去超市时，不要让他被动地坐在小推车里，要牵着手让他当助手。例如，去超市，在选购成袋的商品时，可以告诉他袋中的是糖或者奶粉或者麦片等，这些食品都是做早点用的。当他对买到的东西感兴趣时，不妨逐一介绍，使他认识更多的商品。出口结账时，让他看看计价器如何显示，如果他认识数字，不妨让他念出来，以提升他对认数字的兴趣。

在菜市场买菜时，可以让他提建议，如选择他喜欢吃的菜或介绍他不认识的菜，并购买一些回家尝尝。也可以让宝宝听听菜农对蔬菜的介绍，以及你跟菜农是怎样讨价还价的。宝宝对于这些都很感兴趣，回到家常常将所见所闻在游戏中重演。

目的：让宝宝认识各种常用食物，了解购物程序。

4. 讲故事

小猴上天

小鸟说："天上很好玩。"

小猴说："我也想到天上去逛逛。"

小鸟说："你没翅膀，能行吗？"

小猴向天上一连翻了十八个筋斗，"咚"又摔回地上，屁股摔得生疼。

"怎么办？"小猴又生气又着急。哟，天上下雨了，雨丝从天上挂下来，又软又长。"哦，有了！"小猴攀着雨丝往上爬，爬呀爬，不知不觉就爬到了天上。

天上真美！小猴刚想好好看看，有人说话了："嘘，安静点儿，星星小朋友正在睡觉呢。"

哦，是太阳老师。太阳老师拉住小猴说："你也该睡觉，到天空宝宝园来的小朋友现在都要睡觉的。"

太阳老师拉过一条白云被子，给小猴盖上。小猴在心里喊：我不想睡觉……可是，一盖上这软软的白云被子，它就睡着了。

不知过了多久，小猴醒了，太阳老师笑眯眯地对他说："快起来，月亮妈妈接走了星星小朋友，你也该回家了。"

可是雨停了，雨丝没有了，怎么回家呢？小猴急了。呵，天空宝宝园不是有一架彩虹滑梯吗？小猴跳上去，"哗——"一下子就滑到地上了。

小猴对小鸟说："我去过天上了。"小鸟不信："你骗人！你说说，天上是什么样子的？"小猴说不出。他光睡觉，没好好看呀，他只好说："我不告诉你。"扭头走开了。

"嘿！"小鸟叫起来，"你屁股上怎么染上颜色了？红的、绿的……这是怎么回事？"

小猴笑了："这个嘛，我也不告诉你。"他摸着屁股开开心心地走了。

第四周

1. 宝宝体操（第二套）

2. 写数字

方法：先学写近似的数字，如1和7，再学写4，这三个数字都以直线为主，而且易于辨认。然后学写2和3。2似鸭子，3似耳朵，注意3的方向，开口向左，不要写成8。再学写5，5与3方向相同，3加上一横就是5。然后学写0和8，许多宝宝用两个小圈连成8，经过指导才会旋转成8，要注意3和8的区别在于3是两个半圆，向一边开口，而8是封口的圆。最后才学写6和9，6头上有小辫，9下面有尾巴。有些宝宝会写成方向相反的，要经过多次练习才能写正确。

目的：学会辨识和书写数字，练习书写技巧。

3. 宝宝相册

方法：宝宝很喜欢看自己的相册，家长常常会按年龄顺序将宝宝从小到大的成长照片排列好，并注上日期和必要的注释。宝宝的每一张照片都非常珍贵，因为宝宝每个月都在成长，过去的形象永不再出现，家长和宝宝自己都会十分珍惜它。

父母可以经常让宝宝根据照片讲述自己小时候的事情，由于宝宝很理解这些照片的内容，所以他会讲述得十分顺利，并带着表情和动作去回忆往事。父母因此可以鼓励宝宝向他的小朋友、他喜欢的人介绍自己小时候的趣事，这也可以扩大他的词汇量，并提升叙述能力。

目的：锻炼语言表达能力。

4. 讲故事

大家一起玩

雯雯看到妞妞家有很多玩具，就说："你有这么多玩具，让我也玩玩，好吗？"妞妞看见雯雯拿起一个红色玩具，就一把夺过来："这是姨夫送给我的电话机，可别玩坏了。"妞妞刚放好电话机，又赶紧伸手护住电动飞机并叫起来："这电动飞机是阿姨送给我的，可别摔坏了！"

雯雯不论碰哪件玩具，妞妞都护住不让玩。妞妞这样"保护"着一大堆玩具，雯雯只好悄悄地出了门。

"嘻嘻！哈哈！"听到笑声，妞妞走到窗户前朝外一看，原来是雯雯和颖颖在草地上高兴地玩皮球哩！

妞妞守着一大堆玩具，打了个呵欠。她看见玩具小熊、小猴、小白兔个个耷拉着脑袋，好像在说："妞妞，带我们出去玩玩吧！"

"唉，一个人玩，真没意思！"妞妞说着想出一个好主意。

妞妞用小篮子装了电话机、电动飞机和小动物下楼去大声地说："雯雯、颖颖，咱们一起玩，好吗？"雯雯和颖颖拍着小手说："欢迎！欢迎！"

"哈哈！哈哈！"草地上，三个好朋友玩得可高兴了。

3岁宝宝的自我意识萌发，常不愿轻易把自己的东西让给其他小朋友玩，这令父母很伤脑筋。出现这种情况时，父母如果生硬地命令，强迫宝宝把玩具与人分享，其效果往往不好。不如用委婉的方法，如讲故事等，巧妙地引导宝宝与小朋友分享玩具。

3岁智力训练9级

3岁智力训练9级训练步骤：

第一周

1. 学唐诗

清明①

【唐】杜牧

清明时节雨纷纷②，

路上行人欲断魂③。

借问酒家何处有④，

牧童遥指杏花村⑤。

注释

①清明：一种节气的名称，阳历四月四日、五日或六日，是中国二十四节气之一。人们有在这一天扫墓、踏青的习惯。

②雨纷纷：雨点不断。

③欲：好像。断魂：心里极其愁闷，形容扫墓的人非常悲伤。

④借问：请问，询问。酒家：酒店。何处有：哪儿有。

⑤遥指：用手指向远处。杏花村：杏花深处的村庄。

释义

清明节的时候，春雨绵绵，下个不停，路上扫墓的人们很悲伤。向放牛娃询问附近哪有酒馆，他用手指向远处的杏花村。

诗人描写了清明节时远客冒雨行走的场面，那春雨、行人、牧童、杏花村，组成了清明人们扫墓遇雨的景象。前两句意境凄凉，后两句有解脱愁闷的感觉。诗的语言含蓄自然，耐人寻味，从古代一直流传至今，为世人喜爱。

2. 学儿歌

毛毛和涛涛

毛毛和涛涛，

跳高又赛跑，

毛毛跳不过涛涛，

涛涛跑不过毛毛。

毛毛起得早，

教涛涛练跑；

涛涛起得早，

教毛毛跳高。

毛毛学会了跳高，

涛涛学会了赛跑。

大猫和小猫

大猫毛短，

小猫毛长，

大猫毛比小猫毛短，

小猫毛比大猫毛长。

3. 收取物品训练

当妈妈把全家人洗好的衣服放在床上时，一定要请宝宝来帮助收拾，从日常生活和观察中，宝宝能认识妈妈的衣服、爸爸的袜子、宝宝的衣服等，学叠衣服，分清属于谁的，就放到固定的地方，让宝宝认识每个人放东西的地方后，还可随时帮大人取东西。学会家中东西放在固定的地方，不能随便乱放。自己的玩具也要放在固定的地方，慢慢地就养成生活有条不紊的好习惯。

4. 训练宝宝思维的游戏

目的：按顺序配对

材料：9对卡片

玩法：

将卡片放在桌子上，选出5张要配对的图片摆成一排，并问宝宝："你能这样再摆一排吗？"如果宝宝能挑出5张相同的卡片，却不能按顺序配对摆放，则按以下步骤一步步帮宝宝理清思路。

"你能找一张蓝色正方形图片摆在这张蓝色正方形图片下面吗？"

"按顺序下一个应摆什么？"

"你有和这张黄色正方形相同的卡片吗？"

"拿出红色三角形摆在你那一行里。"

依次类推，帮助宝宝按顺序摆放图片。

第二周

1. 学唐诗

游子吟[①]

【唐】孟郊

慈母手中线，

游子身上衣。

临行密密缝，

意恐迟迟归。

谁言寸草心②，

报得三春晖③。

注释

①《游子吟》：古时歌曲的名称。游子：离家在外的人。吟：和"歌""曲"的意思相近。

②寸草：小草。这里比喻游子。

③三春：指春季三个月，农历正月称孟春，二月称仲春，三月称季春，合起来叫三春。三春晖：是指春天的阳光，这里比喻慈母对儿女的恩惠。

释义

慈母的手里拿着针线，为将要出远门的儿子缝制衣服。走前的行装缝得密密实实，怕的是儿子短期内回不来，在外地没有人给他缝补。谁能说短短的小草能够报答得了春天阳光给它的恩情呢？宝宝们同样无法报答母亲的恩惠。

2. 学画人

宝宝学会画圆圈后，就可以画出许多圆形图画，比如有些宝宝会画上两个圆表示不倒翁，这就是画人的开始。让宝宝仔细看妈妈的脸，为妈妈画一幅简笔画。首先画一个圆圈表示脸庞，然后多数宝宝会先添眼睛，画两个圆圈表示，再在圆顶上添几笔表示头发。这时家长可以帮助他添上鼻子和嘴，再让宝宝添耳朵。之后，家长可示范画一条线代表胳膊，叫宝宝添另一个胳膊。又示范画一条腿，让宝宝画另一条腿。这种互相添加的方

3岁决定一生
——宝宝3岁关键期的教育精要

法可逐渐完善人物形象，使宝宝对人身体各个部位有进一步认识。

3. 学玩包、剪、锤游戏

这是很多儿童都喜欢玩的游戏。先让宝宝理解游戏规则，即锤砸剪、剪破布这种循环制胜的道理。边玩边讨论谁输谁赢，让宝宝学会判断输赢。当两个宝宝都想玩一种玩具时，就可用包、剪、锤游戏来自己解决问题。

4. 讲故事

小猪发脾气

小猪胖胖在外婆家认识了很多朋友，有小兔、小羊和小鸭，他们玩得可高兴了。说再见的时候，小猪胖胖请朋友们明天到他家去玩，朋友们高兴地答应了。

第二天，小兔、小羊和小鸭互相约好，一起来到小猪胖胖家。刚要敲门，忽然听到胖胖正在大吵大闹："妈妈，你赔我蛋糕！"

妈妈说："胖胖，昨天表弟把你的蛋糕吃了，明天我再给你买。"

小猪胖胖大哭大闹："不行！不行！你干吗把蛋糕给表弟吃！"

妈妈说："胖胖，不要闹了，一会儿你的好朋友就要来了。"

小猪胖胖还闹："就发脾气，你不赔我蛋糕，我就哭就闹！哇……"

"笃！笃！笃！"小鸭敲了几下门。

小猪见朋友们来了，赶忙擦干眼泪说："你们来了，快请进，咱们一起玩吧。"

"猪妈妈，您好！"朋友们有礼貌地向猪妈妈打招呼，然后一齐对小猪胖胖说，"我们不想和你玩了，因为你不尊重自己的妈妈。不尊重妈妈的宝宝，也不会尊重朋友的。你还是自己玩吧。"说完，他们扭头，手拉手一蹦一跳地走了。

小猪胖胖看着朋友们走远了，低着头对妈妈说："妈妈，我错了。"

第三周

1. 学儿歌

分果果

多多和哥哥，

坐下分果果。

哥哥让多多，

多多让哥哥。

都说要小个，

外婆乐呵呵。

天上一颗星

天上一颗星，

屋上一只莺，

墙上一只钉，

桌上一盏灯，

地上一根针，

一个不留心，

打翻灯，

碰掉钉，

吓走莺，

抬起头来看，

满天都是小星星。

2. 学唐诗

绝句

【唐】杜甫

迟日江山丽[①]，

春风花草香。

泥融飞燕子[②]，

沙暖睡鸳鸯[③]。

注解

①迟日：人们称春天时的太阳为迟日，因为春天来了，日照时间就长了，所以为迟日。

②泥融：春天来了，冻泥融化，又软又湿。飞燕：燕子飞来飞去。

③沙：沙滩。

释义

春天的阳光把大地打扮得格外美丽，春风阵阵，鸟语花香，冬天的冰雪已经融化，小燕子从远处飞来衔泥搭窝，河滩上沙子被阳光晒得暖暖的，一对对的鸳鸯躺在上面舒舒服服地睡觉。

这是一首思念故乡的小诗，描绘了春暖花开、鸟语花香的美景，表达了对故乡的思念。

望庐山瀑布[①]

【唐】李白

日照香炉生紫烟[②]，

遥看瀑布挂前川[③]。

飞流直下三千尺④，

疑是银河落九天⑤。

注释

①庐山：位于江西省九江市境内，风景优美，是我国的旅游胜地。瀑布：从陡峭的高山上直泻下来的流水，远看好像挂着的白布，故称瀑布。

②香炉：即香炉峰，是庐山西北部的一座高峰，峰顶有云雾弥漫，似香烟缭绕，因此称为香炉。紫烟：香炉峰上在日光照射下徐徐上升的紫色烟雾。

③遥看：远远看见。挂前川：垂挂山前的河流。

④飞流：飞快的水流，笔直地落下。三千尺：指瀑布非常高。

⑤银河：天上的银河，又叫天河。九天：古代传说天有九重，这里指天空的最高处。

释义

在强烈的阳光照射下，香炉峰顶上烟云缭绕，好像从香炉里袅袅升起的淡色紫烟。远远望见像一幅白绸子似的瀑布，从高山顶上垂直地挂在山前，飞流而下的瀑布很高很高，真是气势磅礴。

3. 讲故事

后羿射日

从前，有一棵大树，名叫扶桑。这棵扶桑树又高又粗，是太阳的家。那时候呀，有十个太阳，一起住在这棵扶桑树上。

这十个太阳是十兄弟，他们轮流到天上，今天是老大，明天是老二……一天一个。公鸡"喔喔喔"一叫，他们的妈妈就坐着车子来接了，轮到谁，谁就上车，让妈妈陪着到天宫去。到了傍晚，六条龙拉着车子再回来。

就这样，一直过了好久。有一天夜里，太阳十兄弟聚在一起讨论说："唉，咱们每隔十天才上一次天，还让妈妈陪着，太没意思了。明天，咱们不等妈妈来，一起上天去玩一个痛快。"

第二天，公鸡"喔喔喔"一叫，太阳十兄弟真的一起离开了扶桑树，一块儿上天了。这可不得了，天上亮得叫人睁不开眼睛，地上热得喘不过气来。不一会儿，河里的水全给烤干了，地里的庄稼全给烤焦了。要是太阳十兄弟在天上玩一整天，那么整个世界就毁了，怎么办呢？

那时候，有一个天神名叫后羿。他有一张弓、许多箭，他射的箭，又远又准。他知道了这件事，马上拿出他的弓，又拿了十支箭，要去射太阳。他把弓拉得满满的，对准一个太阳，嗖地一箭，射中了，那个太阳就像火球，骨碌碌滚到海里去了。嗖、嗖、嗖，后羿一连射中了五箭，就射下五个太阳了。地上不像先前那么热了，可是老百姓还是受不了啊！后羿又嗖、嗖、嗖、嗖，射了四箭，射中了四个太阳。这一下可好了，天气跟平常一样了，老百姓乐得一起欢呼起来。

后羿准备伸手抽最后一支箭，要去射最后一个太阳。咦，箭没有了。这是怎么回事呀，他明明带了十支箭，怎么少了一支？原来这最后一支箭给老百姓拿走了。老百姓说："不能再射了，要是把太阳全射下来，大家也没法活下去了。"

后羿一想：对呀！要是把太阳全射下来，整个世界就变得黑漆漆的了，庄稼长不成，人也没法活了。

后羿射下了九个太阳，所以现在只有一个太阳了。

第四周

1. 学唐诗

绝句

【唐】杜甫

两个黄鹂鸣翠柳①，

一行白鹭上青天②。

窗含西岭千秋雪③，

门泊东吴万里船④。

注释

①黄鹂：鸟名。羽毛黄色，自眼部至头后部是黑色，嘴淡红色，叫声很好听。鸣翠柳：在绿色的柳树上啼叫。

②白鹭：一种水鸟，羽毛是白色的，腿很长，能涉水捕食鱼、虾等。

③窗含：实际是指从窗口可以看到的意思。西岭：指位于成都西面的岷山。千：在这里不是确切的数字，而是形容时间很长。秋：这里表示"年"。

④门泊：门前停着。东吴：今江苏、浙江一带。万里：泛指东吴到成都的路程，不是确切的数字，而是形容路程很远。

释义

两个黄鹂在翠绿的柳树上欢快地啼叫着，一排白鹭在天空中飞翔。从窗口可以望见远处山上长年不化的积雪，门前停泊着自东吴一带远来的船只。

这首绝句是杜甫在成都草堂写成，描绘了草堂四周美丽的景色，表现了诗人宽阔的胸怀，令人百读不厌。

2. 猜谜语

明明不知道，

偏偏说知道。

这个小家伙，

实在太骄傲。

（摄影：叶上）

3. 学用剪刀

选用钝头剪刀，让宝宝用拇指插入一侧手柄，食指、中指及无名指插入对侧手柄。小指在外帮助维持剪刀的位置。3岁宝宝只要求会拿剪刀，能将纸剪开，或将纸剪成条就可以了。在用剪刀的过程中要有大人在旁监护，防止宝宝伤及自己或伤及别人。

4. 理解时间概念

宝宝习惯于有规律的生活，他懂得每天早饭后可以玩耍，到10点吃过东西后可以到外面去玩耍，回来时总是随大人买点菜或食品，准备午饭。午睡起床后吃一点东西再去玩耍，然后爸爸妈妈回家，很快再吃晚饭，饭后全家人在一起游戏，再吃水果，然后洗澡睡觉。

当宝宝有一些要求时，大人经常告诉他"吃过午饭"，或"爸爸下班回来""午睡之后"等，以作为时间概念，这样宝宝容易听懂，也能耐心等到应诺的时间。宝宝的时间概念，就是他平时的生活秩序。宝宝还不认识钟表，也不懂得几点钟是什么意思。上托儿所的宝宝会模仿大人看钟，他会从针的角度和自己的生活日程，知道下午吃完午点后当针指到哪个位置妈妈就会来接他，所以快到时间就会竖起耳朵听脚步声，拿上自己的衣帽准备回家。

规律的生活是十分重要的。如果突然换环境，或改变了生活规律，宝宝会感到不习惯，甚至哭闹不安。3岁前应少变换生活环境，晚上要与父母或亲人在一起。

3岁智力训练10级

3岁智力训练10级训练步骤:

第一周

1.学儿歌

小华和胖娃

小华和胖娃,

两人种花又种瓜。

小华会种花不会种瓜,

胖娃会种瓜不会种花。

小华教胖娃种花,

胖娃教小华种瓜。

小华学会了种瓜,

胖娃学会了种花。

小花鼓

一面小花鼓，

鼓上画老虎。

小锤敲破鼓，

妈妈用布补。

不知布补鼓，

还是布补虎。

小蜜蜂，把花采

小蜜蜂，把花采，

听我报报花名来。

正月你把迎春采，

二月杏花大放开，

三月桃花颜色俊，

四月梨花遍地白，

五月石榴红似火，

六月荷花水上排，

七月茉莉人人爱，

八月桂花香满怀，

九月菊花头上戴，

十月佛手赛金钗，

十一月你把雪花采，

十二月梅花寒冬开。

2. 学唐诗

枫桥夜泊^①

【唐】张继

月落乌啼霜满天^②，

江枫渔火对愁眠^③。

姑苏城外寒山寺^④，

夜半钟声到客船^⑤。

注释

①枫桥：江苏苏州西郊的一座古桥。夜泊：夜晚将船停泊在岸边。

②月落：月亮下落。乌啼：乌鸦啼叫。

③江枫：江岸边上的枫树。江，诗中的江不是长江，是指苏州城外的河。渔火：黑夜渔船上所用的灯火。眠：难以入睡。

④姑苏：苏州西南有姑苏山，所以苏州城也叫姑苏城。寒山寺：是在苏州城西面，枫桥附近的一座寺院。相传唐朝初年有寒山、拾得两个和尚在那里住过，而且寒山还会写诗，因此叫寒山寺。寺内有寒山、拾得的雕像和张继《枫桥夜泊》的刻碑，今已成为旅游胜地。

⑤夜半钟声：寒山寺半夜敲钟的声音，唐代寺院有半夜敲钟的习惯。

释义

月亮将要落下，乌鸦开始啼叫，秋霜满天洒下。对着江边的枫叶，渔船上的灯火，感到孤寂忧愁，难以入睡。姑苏城外寒山寺的半夜钟声，传到了船上。

逢雪宿芙蓉山主人①

【唐】刘长卿

日暮苍山远②，

天寒白屋贫③。

柴门闻犬吠④，

风雪夜归人。

注释

①逢雪：碰到下雪。宿芙蓉山主人：投宿芙蓉山主人的家中。

②苍山：青黑色的山。

③白屋：贫穷人家住的草房。

④柴门：用零散碎木、树枝等做成的门，这里指贫苦人家的简易门。

释义

诗人旅行遇雪，走到山村时，暮色苍茫昏暗，青山显得遥远了。寒风刺骨，终于看到前边有一座茅屋，从柴门边传来狗的阵阵叫声。风雪之夜得到了温暖，投宿在主人家里，就好像回到了自己家里一样。

3. 学常识

鸟有羽毛，有翅膀，会飞。

麻雀。麻雀很小，嘴尖，羽毛是褐色带斑点。麻雀叽叽喳喳地叫，吃粮食，也吃虫子。

鸽子。鸽子的眼睛很圆，嘴又尖又硬。鸽子有白色、灰色、褐色或黑白色等。鸽子能飞很远，而且认识家。鸽子会咕咕地叫。

燕子。燕子是蓝黑色，肚子是白色，尾巴分开像剪刀。燕子能飞很远，能捉虫。

啄木鸟。啄木鸟的嘴又尖又直，用它可以凿开树皮。凿开树皮后，啄木鸟用细长的嘴伸进树上的虫洞里吃虫子。啄木鸟专吃树里面的害虫，所以人们称它是"树医生"。

猫头鹰。猫头鹰的身体像鹰，头像猫。它有两只圆圆的大眼睛，在黑暗中能看清东西，它的耳朵很灵。猫头鹰白天睡觉，夜里出来捕捉田鼠。

第二周

1. 学唐诗

望天门山①

【唐】李白

天门中断楚江开②，

碧水东流至此回③。

两岸青山相对出，

孤帆一片日边来④。

注释

①天门山：位于安徽省当涂县西南部，东名博望山，西名梁山，两山笔直峭立，夹江对峙，形如门户，因此叫作天门山。

②楚江：即长江。湖北、湖南、安徽等地区曾经是古代楚国的国土，因此把流经这里的一段长江叫作楚江。

③至此回：原来长江的江水向东流，到了天门山，江水打回旋转弯向北流去了。

④日边：天边。

释义

天门山从中间断开，给楚江让出奔泻的通道，碧绿的江水，滚滚奔流到这里，又旋转向北去。两岸青山对峙，双峰耸立，在那水天相连之处，一片白帆沐浴着灿烂的阳光，从天边飘来。

鸟鸣涧[1]

【唐】王维

人闲桂花落[2]，

夜静春山空[3]。

月出惊山鸟，

时鸣春涧中。

注释

[1]涧：夹在两山之间的水沟。

[2]闲：没有什么人走动，环境非常的寂静。桂花：有春花、秋花、四季花等不同种类，这里指的是春花，即春天开的花。

[3]春山：春天的山野。空：空旷。

释义

寂静空旷的山林，桂花的花瓣轻轻落到地面上，春天夜间的山野多么幽静，周围的群山是那么高大空旷。月亮静静地从山背后升起，惊醒了在林中休息的小鸟们，小鸟们的叫声在春天的深山中时时回响。

2. 学儿歌

牵牛花找朋友

牵牛花，

不牵牛，

牵着花儿爬墙头。

牵牛花，

东墙走，

　　　　　去跟豆角拉拉手。

　　　　牵牛花，

　　　　　西墙走，

　　　　去跟葫芦碰碰头。

　　　　东墙走，

　　　　　西墙走，

　　　　牵牛花儿找朋友。

3. 讲故事

狐狸请客

　　一天，狐狸对白鹤说："白鹤妹妹，最近我学会做一种很好喝的汤，今天下午欢迎你来做客。"白鹤以为狐狸是真心实意地请她做客，便按时来到狐狸家。狐狸让白鹤坐下说："我去烧汤，你先坐着等一会儿。"说着，狐狸走进了厨房。

　　过了一会儿，汤烧好了。狐狸把汤盛在一个很浅很浅的盘子里，放在桌子上，还一个劲儿地说："快喝吧，要不就凉了。"白鹤闻着那香味扑鼻的汤，但是没法喝。狐狸心里暗暗得意，脸上却装出一副不安的样子说："你怎么不喝呢？你大概嫌我做的汤不好喝吧？那么，我替你喝了吧！"白鹤已经知道狐狸在捉弄自己，但也没有办法，只好饿着肚子回去了。

　　过了几天，白鹤见到狐狸说："前两天你那么热情地招待我，我实在过意不去。今天下午请你去我家做客。"下午，还不到四点钟，狐狸就来到了白鹤家。它一进屋就说："本来不想给你添麻烦，但既然你那么热情地邀请我，我就只好来了。"它嘴上这么说，心里却想，今天我一定要把她的菜吃个精光。

菜做好了，白鹤把菜盛在一个又细又长的瓶子里，放在桌子上，还一个劲儿地说："快吃吧，要不就凉了。"狐狸闻着瓶子里那香喷喷的菜，可就是伸不进去嘴。白鹤故意说："你怎么不吃呢？噢，你大概嫌我的菜不好吃吧？那我替你吃了吧！"狐狸干生气，没有办法，只好饿着肚子，灰溜溜地走了。

第三周

1. 学儿歌

早晨起来精神好

早晨起来精神好，

太阳对我微微笑。

小朋友们排好队，

大家都来做早操，

一二一，跑跑跑，

一二一，跳跳跳。

树上鸟儿吱吱叫，

园里花儿把头摇，

它们好像都在说：

"早啊，早啊，好宝宝！"

2. 学唐诗

送元二使安西①

【唐】王维

渭城朝雨浥轻尘②，

客舍青青柳色新③。

劝君更尽一杯酒④，

西出阳关无故人⑤。

注释

①元二：作者的朋友。使：出使。安西：唐代设立的安西都护府。

②渭城：秦时咸阳城，在今天陕西省西安市西北，汉武帝时改名渭城。朝雨：早晨的雨。浥：湿润。浥轻尘：润湿了尘土。

③客舍：旅店，作者送别老朋友的地方。柳：指柳树，古人有折柳送别的习惯。

④君：指元二。

⑤阳关：关名，在今甘肃敦煌西南古董滩附近，因在玉门关以南，所以叫阳关，是古代通西域的要道。故人：老朋友。

释义

渭城的早晨，细雨蒙蒙，那被湿润了的尘土不再飞扬，客店旁边柳树新生的枝叶更加青翠。请你再喝一杯酒，你出了阳关以后，就见不到老朋友了。

鹿柴①

【唐】王维

空山不见人②，

但闻人语响③。

返景入深林④，

复照青苔上。

注释

①鹿柴：地名，在今陕西省蓝田县西南，鹿柴是王维在辋川别业的胜景之一。

②空山：空阔寂静的山林。

③但：只、仅仅。人语响：人们说话的声音。

④返景：夕阳返照的光。

释义

在空阔的山林里看不见一个人影，只听见人们说话的声音。夕阳的光辉穿入深密的树林，又照在青苔上，呈现出斑斑日影。

《鹿柴》是王维晚年在别墅居住时写的，既刻画了鹿柴傍晚夕阳光线的和谐优美，又描绘出深山密林中明暗相间、色彩和谐的景象，给读者勾画出一幅寒秋薄暮、夕阳返照深林的幽静画面，给人以美的享受。

3. 训练宝宝思维

材料：18个大小形状一致的扣子。

玩法：

将五个扣子摆成一排，让宝宝用相同数目的扣子一对一地摆成另一排。

当宝宝能摆得很好时，可重新排第一排扣子，将扣子排成左边三个，右边两个。宝宝摆的第二排扣子不动。

问宝宝："现在两排扣子数目一样吗？"

如果他说"不是"，就减少一些扣子重来。

或者，让宝宝移开他的那行扣子中的一个。问他："我们的扣子还一样多吗？"

如果宝宝回答正确，可摆上很多的扣子，并随意将扣子分组，反复玩。

第四周

1. 学儿歌

是灯还是星

天上满天星，

地上满山灯，

满天星亮满天庭，

满山灯接满天星。

星映灯，灯映星，

分不清是灯还是星。

画画

好娃娃，爱画画。

画个瓜，画朵花，

画只虎，画匹马，

虎踩瓜，马踏花，

瓜打虎，花骂马。

娃娃画画顶呱呱，

挂上画后笑哈哈。

2. 学唐诗

芙蓉楼送辛渐①

【唐】王昌龄

寒雨连江夜入吴②，

平明送客楚山孤③。

洛阳亲友如相问④，

一片冰心在玉壶⑤。

注释

①芙蓉楼：位于今天江苏省境内，从楼上可以俯视长江。辛渐：诗人的好朋友。

②寒雨：寒冷的雨。连江：长江里的水和远方的天相连。吴：古代周朝时的吴地，在这里指镇江。

③平明：天刚刚亮。楚山：楚国的一座山，泛指镇江一带。

④洛阳：在今天河南省境内，辛渐要去的地方。

⑤冰心：纯洁的心。玉壶：碧玉做成的壶。古人用"玉壶冰"比喻清白，唐人用"冰壶"比拟做官廉洁。

释义

在一个寒雨不停、江水连天的夜晚，为送朋友而来到镇江，第二天清晨在芙蓉楼送别朋友后，独望楚山离愁别绪聚心间。如果洛阳的亲戚朋友问起我的情况，就请告诉他们，我依然冰心玉壶，正直清白，光明磊落。

出塞①

【唐】王昌龄

秦时明月汉时关，

万里长征人未还②。

但使龙城飞将在③，

不教胡马度阴山④。

注释

①出塞：乐府旧题。塞，边界上险要的地方。

②人：驻守边防的士兵。

③但使：如果，只要。飞将：指汉朝的李广，他作战英勇，人称"飞将军"。

④教：使。胡马：来侵犯的敌军。阴山：山脉名称，在今天的内蒙古自治区境内。

释义

明月还和秦朝时一样，关塞和汉朝时相同，战争却连年不断，万里出征的将士们没有回来。假如现在飞将军李广还在世，决不会让敌人的兵马越过阴山。

背景

唐朝初期，在阴山南面的地区，民族之间的战争不断。这首诗，歌颂汉将李广，叹息朝廷任人不当和驻守将领的无能。诗中对汉关和秦月的景物描写，寄托了诗人深厚的思想感情，反映了诗人对国家和人民的关心。

4 Chapter 人格篇

让宝宝心灵长大

宝宝不仅需要聪明的头脑，还需要具备优良的品格。

一般来说，诚实、上进、负责、关心和尊重他人，这样的人往往比较受欢迎。优良的品格不仅对宝宝未来的发展有助益，长远来说，也有助于社会安定。

教育专家研究得出，3岁左右是人格发展的重要阶段。这一阶段的表现既可以反映人格发展的情况，也可以预示将来发展的趋势。家长在培养宝宝的品格时应从生活中的小事着手，言传身教，让宝宝在潜移默化中养成良好的行为习惯。

3岁宝宝需要自尊

孩子的性格在3岁之前已经形成了，俗话说3岁看大，7岁看老，这跟家庭环境有很大关系！

自尊指的是一个人尊重自己，相信自身的价值。专家调查后发现，有着高度自尊心的孩子，表现积极，与人相处和睦，具有良好的创造性。自尊心比较弱的孩子，常感到悲哀，感到没人爱他们。可见，自尊心对孩子一生的生活、学习和成长都有很大的影响。如何才能不挫伤孩子的自尊心呢？

我们知道家庭对孩子自尊心有很大的影响。作为家长要理解和支持孩子合理的愿望和行为，对他们的独立行动不要过多地限制和禁止，要用善意的方式给予引导和关怀，尊重他们的意见，做他们的良师益友。孩子犯错误，不要轻易打骂训斥，尤其不要在众人面前一味地指责孩子，要告诉他们什么地方做错了，怎样做才是对的。否则，宝宝会因此感到父母不爱自己，因而感到自卑，表现胆怯，依赖性强，从而失去信心。对宝宝的优点也应该给以恰如其分的肯定，增强他们的自信心，同时也能使孩子尊重、信任父母。这样，孩子便能在和谐、民主的家庭氛围中健康成长。

经过研究，专家们发现，孩子们的高度自尊心来源于父母对他们的真正关心和尊重。

首先，具有高度自尊心孩子的父母不仅善于帮助孩子挖掘兴趣、爱好，同时也善于关心、了解孩子的大部分朋友，能耐心地倾听孩子的意见，对孩子们的正当需要能及时给予满足。

其次，这些父母对孩子的要求比一般父母更为严格，他们要求孩子们品行端正、遵守纪律，他们用讲道理的方法而不是用惩罚的手段来纠正孩子的错误行为。

最后，在这些儿童的家庭生活中，父母们总是用和蔼的态度、温和的方法来引导孩子遵守家庭生活准则，当孩子对家长的要求有异议时，家长们总是能认真严肃地对待孩子的意见。

自尊心是宝宝觉得自己很可爱、很聪明，并能快乐地接受自己的一种愉快感受，它是一种积极健康的品质。自尊心强的孩子受人尊重，创造性高，将来在学习和工作方面会有出色表现。如果孩子的自尊心不足，或者自尊心强而又不注意维护，宝宝总有挫折感，久而久之会形成自卑心理，他会因不爱自己，不遵守做人的基本准则而失去他人的尊重。

宝宝的自尊心萌芽时，需要父母悉心的呵护，这样宝宝的自尊心才能茁壮成长。作为父母，自己能为树立孩子的自尊心做点什么呢?

1. 给宝宝更多的关注和赞赏

对孩子的所作所为，父母要表现出充分的兴趣。不妨常用惊奇、惊叹的语气表示宝宝的表现多么令你欣赏，多么让你着迷。

2. 为宝宝创造快乐成长的空间

给宝宝提供游戏和运动所需要的时间、场地和玩具，帮他结交一些玩伴，让孩子在快乐中增强体魄，学习知识，树立自尊、自强意识。

3. 对宝宝的努力给予赞扬和鼓励

请记住：对于孩子的某些细节性的优秀行为，父母要及时给予赞赏，鼓励孩子坚持下去。当然父母还要允许孩子犯错误，犯错误正是孩子成长的必经之路。

4. 用孩子能接受的方式来批评他

在指出他的错误之前，首先要表扬他好的方面。同时，可以一边摸着宝宝的头，一边轻声说"我不喜欢你这样的行为，但我很爱你"，并应告诉宝宝下次怎样做会更好。例如："你对客人很礼貌，你表现很好，我为你感到骄傲。如果你玩的时候，声音再小一些就更好了，虽然我不喜欢你出这么大的声音，但我很爱你。"

对宝宝既要严格又要友好

无论爸爸妈妈平时多么宠爱宝宝，都要让宝宝懂得与他人相处要讲礼貌、尊重他人，不能无理取闹。如果不让宝宝意识到这一点，宝宝就会事事以自我为中心，那么即使在家里受父母亲人宠爱，而一旦走出了家庭，就不可避免地遭受来自外界的打击。他们会发现没有人愿意对自己唯命是从，他们将会真正明白，所有的人都因为自己自私而不喜欢自己。这样一来，他们要么硬着头皮挺下去，宁愿自己不受欢迎；要么就必须很辛苦地学习如何与人友好相处。

有些心软的父母在教育宝宝时往往会先对宝宝的某些恼人行为一忍再忍，但是，等到父母的耐心耗尽时，就会一股脑把怒气撒向宝宝。理性考虑，我认为父母没有必要这样做。父母应该平等地对待孩子，对于孩子提的某些不合理要求，父母可以平静友好地与孩子沟通。比如，你的女儿坚持让你继续和她玩游戏，而这时你已经累得筋疲力尽了，那么你可以用平静而坚定的语气对她说："我太累了，我现在要去休息一会儿，你自己玩吧！"

有的时候一群小朋友一起玩，你的宝宝可能会拿着别人的玩具不放，而另一个宝宝又要把玩具要回去。这时，父母不要一下子把宝宝手中的玩具抢过来还给别人，而是首先试着用其他玩具来跟宝宝做交换，转移他的注意力，并耐心劝说。

父母处理孩子问题的态度，会深深影响孩子的行为处事方式。所以如果父母想让孩子成为一个通情达理的人，首先自己就应该学会理性处理问题。

交往能力让宝宝如虎添翼

人际交往对人的生活有重要意义，它既是人们情感的需要，也是社会活动的需要。一方面，人际交往有利于情绪的稳定，可以使人的情感得到依托和慰藉，摆脱孤独感；另一方面，人际交往也能够使人获得知识，通过与人合作完成各项活动，获得更好的生存和发展空间。

古人云："近朱者赤，近墨者黑。"宝宝的发展方向和发展水平，很大程度上取决于他所接触的人。年幼的宝宝识人能力不足，更需要父母为他创造一个良好的人际交往环境。宝宝的人际交往能力也与其性格紧密相关，一个性格外向的宝宝更容易和其他小朋友打成一片，而一个性格内向的宝宝和人交往比较谨慎。

人际交往能力的培养不是一朝一夕的事情，它需要宝宝在实际生活中一点点地练习。父母多花一些时间和精力为宝宝提供指导和帮助是十分必要的。快乐的生活环境、家庭环境对宝宝具有强大的影响力，不同的生活环境会滋养出不同个性的人。家庭环境影响是多层面的，其中家庭成员的人际关系会直接影响宝宝人际交往能力的发展。一个良好的家庭环境应该具备民主、平等、亲善、和睦、欢快、尊老爱幼的和谐气氛，大家一起享受生活的乐趣。良好的家庭环境能促进儿童身心健康发展，让宝宝学会积极面对生活、礼貌对待他人。而糟糕的家庭环境则会让孩子养成不良的性格及习惯。

1. 吵闹的家庭

家庭关系和谐、融洽，能使宝宝体会到家的安全，学会宽容待人，互助互爱。反之，如果家庭成员关系淡漠，常为一些小事争吵不休，宝宝也往往冷漠、偏执，不愿与人合作。

2. 严厉的家庭

一些家庭对宝宝管教得过分严厉，要求宝宝对父母绝对服从，甚至奉行"棍棒之下出孝子"的原则，宝宝做错点小事，父母就又打又骂。在这种家庭环境中长大的宝宝一方面缺乏自信心和独立性，另一方面表现得暴戾、蛮横和爱撒谎，逆反心理强，喜欢在欺辱弱者、报复他人中获得心理上的平衡和补偿。

3. 溺爱的家庭

独生子女家庭中，宝宝是家人的掌上明珠，即使父母不娇惯，爷爷奶奶也倾向于有求必应、无微不至。但爱护宝宝要注意"度"的问题，过分溺爱会使宝宝对家长养成极大的依赖性，形成自私、任性、易发脾气和好夸口的性格。

4. 冷漠的家庭

与溺爱的家庭相反，有的父母对宝宝关心不够，宝宝感受不到父母对自己的爱，就会产生孤独感与被抛弃感，因而形成冷酷漠然、情绪反复无常、富于攻击性的性格。

父母要想创造适于宝宝人际交往能力发展的家庭环境，首先就需要自己先摆正态度，把宝宝看作家庭中平等的一员，既不需要过分娇宠，也不应该过分忽视。一家人要互相关心爱护，对优点赞扬鼓励，对缺点善意批评，这样就能使宝宝养成自尊、自立的好品质，对人热情友好，经受得起批评和压力，有独立处事的能力。

此外，成人在生活和工作中难免会遇到一些不愉快的事情，例如家庭成员间的争执、同事邻居间的矛盾等，注意不要把这些不愉快表现在宝宝的面前。宝宝缺少理性的分析能力和化解矛盾的能力，他会把不愉快的情绪一直保留在心里，容易形成心理阴影。

怎样让宝宝受欢迎

每对父母都希望自己的宝宝成为一个受欢迎的人，这是因为一个受到众人欢迎和喜爱的人往往能够生活得更愉快，社交时也更轻松。但现实中很多家长都为这个问题而苦恼："宝宝温顺可爱，并不顽皮，为什么还是不讨人喜欢呢？怎样才能让宝宝受人欢迎呢？"

曾有机构做过一项调查"什么样的性格最受人欢迎"，结果显示最受人欢迎的性格是诚实、正直、聪明和值得信赖。人与人之间的交往重在一个"诚"字，诚实的宝宝总能获得大家的喜爱，赢得更多的朋友。这种诚实表现在对人诚恳、不弄虚作假、能承认自己的错误。聪明的宝宝能够更好地与人沟通，所以人们也乐于与他交往。而一个诚实、正直、聪明兼具的宝宝往往会被认为是值得信赖的。

要想让宝宝受人欢迎，就得注意培养宝宝的个人魅力，而魅力不仅是性格的魅力，还包括外表的魅力。

尽管人们一直被教导不要过于重视人的外在美，但事实上一个漂亮、干净的宝宝往往能博得更多人的喜爱。而外表有魅力、性格又好的宝宝由于得到众人的喜爱，也会逐渐变得热情活泼、自信满满，他能轻松地与人交谈，有包容别人的雅量，也就越来越具有性格的魅力。这实际上是一个良性循环，因此你只需要做很简单的事情就能让宝宝受人欢迎。这并不意味着你需要为宝宝的长相而担忧，宝宝的外在美也不表示你得为宝宝购买昂贵的名牌服装，只要让他衣着干净、举止得体就可以了。

正确对待耍赖宝宝

一不如意就在地上打滚哭闹，或者摔打东西威胁父母，这是很多小宝宝都会的伎俩。遇到这种情况，有的父母为了不让孩子继续打闹会直接满足孩子的需求，而孩子一旦发现这种方法可以让父母妥协，下次再有不如意的时候还是撒泼打闹，搞得父母懊恼无比。而有的父母会用强硬手段制服宝宝，虽然这样做可以让宝宝意识到撒泼耍赖没有用，但也可能使他对你心怀怨恨、阳奉阴违，不利于亲子和谐。因此，这两种态度都是不可取的。其实，只要分析出宝宝生气的原因，再加以恰当的处理，宝宝的耍赖行为就能得到有效的控制。

产生原因

①有的宝宝天性比较倔强，坚持自己的想法，不易接受反对意见，容易用激烈的手段来捍卫自己的见解。

②先放任后严格的家长，开始把宝宝当宝贝一样，百依百顺、迎合讨好，一段时间后发现宝宝养成了恶劣的习惯，又急着去纠正，不惜采取各种激烈的手段。宝宝已经习惯了自由宽松的环境，对父母突然的强硬态度无法适应，就会想用激烈的抗争来夺回从前的自由。

③沟通技巧不成熟的父母在管教宝宝时不懂得引导和沟通，只会强

迫和责备，这会让宝宝觉得父母不可理喻，只能用威胁手段来表达自己的不满。

④家里有人做宝宝的"靠山"，当宝宝达不到自己的目的时就会跑去寻求帮助。如果"靠山"为了袒护宝宝而和父母持不同的教育观念，就会使宝宝不服父母的管教，采取激烈的方式与父母抗争。

⑤现在的宝宝发育快、成熟早、头脑灵活，接触的信息很多，又不会加以选择，很容易在媒体的负面报道中学会用吵闹、破坏的方式来威胁别人，以达到自己的目的。

解决方法

那么，怎么解决亲子纷争，让宝宝不再是个"小泼孩"呢？

①做好基础教育。一方面你要努力减少亲子冲突，让宝宝没有机会撒泼、发脾气；另一方面，也要培养宝宝对他人情感、情绪的理解能力和正确沟通、表达的能力。

②培养良好的生活习惯。宝宝和父母的冲突大多源自一些生活琐事。如果宝宝从小养成收拾整理的习惯，能简单地照料自己，就不至于惹得父母火气连天，冲突不断了。

③管教态度前后一致，不要凭一时的情绪来管教宝宝，比如心情好时就放纵，心情不好时就严厉，这会让宝宝难以适应。

④家长之间建立共识。父母要和家里袒护宝宝的人好好地沟通一下，让他明白你也是为了宝宝好，和他讨论出双方都能接受的、最适合教育宝宝独立的方法。

正确应对冲突

如果冲突已经发生，怎样做才能化解冲突，不让它进一步扩大呢？

1. 不要强行压制

无论如何都不要试图用严厉的语言和行动来打压宝宝的吵闹。如果你说"再哭就揍你"或者"把你撵出去，不准再回家"一类的话，对两三岁的宝宝是有害无益的，他只会哭闹得更加厉害。

2. 安抚

你应该采用安抚的语气和态度，温和而严肃地对宝宝说："妈妈也知道你不喜欢受惩罚，我只是希望你能把玩具收拾好，让自己的房间干净整齐，大家看着都喜欢。我们就来谈一谈，怎么做个好宝宝，避免这种事情……"接着，你应该和宝宝一起坐下来，让他提出自己的想法，加上你的建议，得出一个大家都能接受的解决办法。用和蔼的语气和巧妙的沟通方式，正确处理与宝宝的冲突，有利于宝宝心理健康发展。

3. 转换情景

接下来，你可以转换一下情景，比如边吃水果边聊聊其他事情，让宝宝紧张的心情得以放松，忘掉刚才的不愉快。

正确对待宝宝的性意识

现在社会大力提倡"青春期性教育"，但是你知道吗，宝宝也有性意识，他们也需要进行性教育。宝宝的脑神经发育尚未完善，不会产生类似成人的性欲望，但这并不说明他们没有性意识。性意识是人生来就具有的，只不过宝宝的性意识更多地属于潜意识范畴。当宝宝吮吸妈妈的乳头时会产生性快感，男宝宝喜欢玩弄自己的生殖器，宝宝还常常会提出"我是从哪里来的？""为什么弟弟有小鸡鸡，我没有？"这样的"性"问题……你是不是对宝宝这样的行为感到尴尬？你是不是只用一句"小宝宝不要乱问"来挡回宝宝的问题？其实，宝宝具有性意识是完全正常的事情，你也完全可以坦然地面对他的问题。这可以让原本神秘的事情变得简单、自然，对宝宝的身心发育也是有好处的。

性教育并不需要刻意安排，你可以结合任何事情来谈性。比如和宝宝一起洗澡时，自然地谈起性器官的发育；喂养宠物时说说动物的生殖和死亡；亲友怀孕、产子时，说说宝宝是怎么出生的；到户外玩耍时，给宝宝讲讲植物是怎么繁衍的……总之，要让宝宝感觉性是再自然不过的事。

总之，我们不应该用惊恐、厌恶的态度来对待宝宝的性意识，而应该把它看作宝宝成长中必然会产生的现象。当宝宝上了幼儿园以后，身体不再是他们唯一关心的事情，他们的注意力也自然会从性转移到其他事物上去了。

不要问宝宝想干什么

当下，许多父母向宝宝提要求的时候，往往喜欢用提问的方式，比如："你可以坐好吃午饭吗？""我们现在穿衣服好吗？""你想小便吗？"另外一种常见的表达方式是"现在该出门了，好吗？"这样问问题的麻烦是，宝宝（尤其是3岁的宝宝）往往会很轻易地回答"不"。这时，可怜的父母就不得不说服宝宝去做他本来就应该做的事。

要说服宝宝，就得费口舌。所以，在一些必要的事情上，最好不要让宝宝有选择余地。比如，午饭时间到了，你可以一边和他聊着上午做过的游戏，一边把他带到餐桌前；如果宝宝仍然忙着玩玩具，你可以让他拿着玩具，把他抱到餐桌前，然后，在递给他勺子的同时把玩具拿走；如果到了睡眠时间，宝宝还在玩玩具狗，那么你可以对他说："我们把狗放到床上吧。"你对他做的事情表示感兴趣，他就会心甘情愿地与你配合。

你或许会以为我在建议你给宝宝来一个措手不及，或者不负责任地对宝宝进行突然袭击。其实，我并不是这个意思。事实上，在你每次把宝宝从他专注的事情上拉开的时候，讲究一点技巧是有益的。然而，要做到这些还需要有耐心。当然，你不可能总是很有耐心，这是很自然的，不过为了孩子能健康成长，父母也需要不断修炼自己的耐心，扩大自己的包容度。

鼓励参加家务劳动

　　劳动是实现人的志向的主要途径，人的社会志向、事业志向、生活志向无一不是通过劳动来实现的。宝宝最初接触的劳动就是家务劳动，他可以从小在这些家务劳动中学习一些劳动技能，养成劳动习惯，这有利于培养宝宝的独立能力。了解劳动的辛苦的人才懂得珍惜别人的劳动成果，此外，经常动手也可以锻炼人的反应能力。

　　两三岁的宝宝对周围的事物已经有了基本的认识，也有一定的劳动能力，所以家长可以让他做些力所能及的家务劳动。最基本的家务劳动当然是自我服务，比如自己吃饭、穿衣、洗手等。之后，再慢慢过渡到为家人服务，如给洗衣服的妈妈拿肥皂，给干活累了的爷爷扇扇子，给生病的奶奶擦擦汗，给下班的爸爸拿拖鞋……这个年龄的宝宝对很多事情感兴趣，喜欢帮助家人扫地、擦桌子、择菜，但是刚开始时许多事情做不好，家长一定要耐心教，不要嫌麻烦而不让他做，使他失去做家务劳动的兴趣，这样一来，自然也就更谈不上养成劳动的好习惯。

　　培养宝宝的劳动习惯要善于联系宝宝自身的生活。比如因为玩具太乱要让他收好，家长可以说"天晚了都该回家了，玩具也要回家休息了"，然后和他一起把玩具放回原来的位置；宝宝喜欢上街，当你去超市购物时，可以带他去当"助手"，不要让他坐在手推车里不动，可以抱着他够取要买的东西，出门时让他看计算器为何显示数字，可以引起学习数学的兴趣，回家的路上可以让他拿着小件不怕摔的东西。由此慢慢培养宝宝帮助家人做事的好习惯。

鼓励宝宝参加家务劳动时，切忌把劳动当成惩罚手段，也不要一味用零食去诱导，否则时间一长，宝宝不仅没有养成爱劳动的好习惯，反倒避之而不及，更不愿动手劳动了。

在大自然中锻炼的好处

　　空气浴、日光浴、玩水、玩沙就是利用大自然的各种条件锻炼宝宝，以达到增强体质、锻炼体魄的目的。

　　到户外运动简便易行又不受物质条件的限制，而且户外活动本身就是一种空气浴。空气浴锻炼是利用气温与人体体温之间的差异形成刺激，反复作用后引起身体的适应。寒冷的空气可以使交感神经更趋于活跃，促进新陈代谢，增强呼吸系统抗病的能力。

　　日光中的红外线可使人感到温暖，血管扩张，血液循环加快，新陈代谢增强。而紫外线有杀菌作用，并且可以使皮肤内的一脱氢胆固醇转化为维生素D，促进肌体的钙磷代谢，有助于预防和治疗佝偻病。在做日光浴锻炼时，要注意尽量使宝宝裸露皮肤，但要避免强烈阳光直射头部，可以给宝宝戴凉帽，炎热的夏季也可以选择在树荫下。日光浴在早晨9~10点钟进行比较合适，每次15~20分钟。

　　大多数宝宝都喜欢玩水，可利用这一特点进行水浴锻炼。冷水刺激可使皮肤血管收缩，但很快由于体内剧烈产热复又扩张，锻炼了血管舒缩功能及体温中枢的调节功能。用温水擦身产生的刺激比较温和，对体弱儿可以采用。开始时水温30度左右，每3天降1度，直至与室温相近（15~17

度）。先用温水擦，然后立即用干毛巾擦，使身体产生温暖感觉。同样可以用温水冲淋，但水温不能低于26度，时间以20~40分钟为宜。最佳水浴锻炼是游泳，有条件的可以让宝宝学习游泳。

沙子在宝宝心目中有它独特的魅力。光脚在沙地上走会使宝宝感到极度惬意，而细沙从手中缓缓地流下对宝宝也是一种独特的享受。玩沙可以充分锻炼手的精细动作，可以用沙子和模具做"点心"，可以在沙地上建桥梁、大山、城堡，可以在铺平的沙面上写字、作画，还可以在沙滩上奔跑，嬉戏。所以要允许和支持宝宝玩沙，当然要禁止他们用沙子互相打闹，以免迷眼。

为宝宝提供游戏场地

3岁宝宝，喜欢玩发条玩具和电动玩具。但是，家长们也发现，对于这些只需一个人玩的玩具，孩子很快就玩腻了。父母在玩具店里买回来的玩具，大部分都是室内玩具，而3岁宝宝能一个人在室内玩耍的时间充其量不过20~30分钟。

这个年龄的宝宝喜欢在室外玩，如骑三轮儿童车、玩沙子、玩水等。但是，无论有多少小铲、小水桶、小筛子，如果只有宝宝自己一个人在沙场上玩也是玩不了多久的。如果有个同年龄的小朋友一起玩，就能玩个把小时；如果同附近大些的宝宝一道玩，那就能玩得更尽兴。

3岁的宝宝玩耍时，比起玩具更需要的是小伙伴，这一点做父母的应当了解。所以父母可以尽量带宝宝去安全的游乐场玩，或者邀请宝宝的好朋友来家里玩。

在以前，3岁的宝宝会自己找朋友，因为大街就是宝宝们的游戏场所，一出门准会有小朋友在那里玩。只要自己带着玩具，就可以随时加入进去。可现在，街道两边已被车辆占满，来往车辆多，家长也不放心孩子去街上玩，自然孩子交朋友的机会就少了。

玩具也不再是与小朋友们一道玩的入场券了，而是成了宝宝在家里玩耍的私有财产。所以,即使父母热心地把邻家的宝宝叫来一起玩,自家宝宝也不会主动把玩具分享给对方,邻居家的宝宝觉得没趣,自然也就很快离开了。

　　在今天,比起考虑给宝宝买什么样的玩具,更重要的是,父母要想办法给宝宝找到游戏的伙伴。

为何宝宝情绪反复

　　做家长的常常见到自己的宝宝不小心摔了一跤，立即哇哇大哭，可当你把他抱起，哄一哄，逗一逗，他就不哭了。拿一块糖给他吃，那挂着泪珠的小脸马上又笑了。上幼儿园，一个宝宝哭了，能惹得许多宝宝跟着一起哭。难怪有些家长说：我这宝宝，就像夏天的天气，一会儿晴，一会儿雨，说哭就哭，说笑就笑，总是变化无常。

　　通常所说的宝宝情绪是什么呢？

　　它是人们在进行某种活动时心理状态的一种表现。新出生的宝宝刚从妈妈肚子里出来，要适应外界环境，常常啼哭，这就是一种消极情绪。以后随着神经系统各方面的发育，对外界环境刺激会产生不同的反应，如不高兴的时候哭，高兴的时候便笑。

　　有些对成人来说微不足道的事情，对宝宝却能产生强烈刺激，导致宝宝情绪波动很大。这是因为宝宝小，不知道怎样控制自己的情绪，更意识不到自己的情绪可能产生的后果。作为父母，如果了解了宝宝上述情绪特点，就要注意创造良好的生活环境，保护宝宝幼小的心灵，避免其遭受精神创伤。父母也可让宝宝参加社会活动，给他机会表现自己，充分锻炼他的心理承受力，以提高情绪控制能力。

表现奇特的宝宝孤独症

宝宝孤独症是3岁半以内宝宝特有的一种疾病。男孩发病多于女孩，发病的原因目前尚不清楚。

患宝宝孤独症的宝宝是多种多样的，一般具有以下几个特征：

极度孤独：有些患儿的孤独在婴儿早期即表现出来。当母亲把他抱在怀里喂奶时，患儿不把身子贴紧大人，当父母伸手去抱他时，无正常迫接的姿势，缺乏期待被抱的反应。患儿对周围事物不发生兴趣，不愿与小朋友一起玩，整日沉浸在个人的小天地里。

情感冷淡：患儿反应淡漠，对亲人不亲热，无微笑反应。眼神有特殊表现，常避开别人的目光，缺乏眼对眼的注视，很少向远处望，面部常无表情流露。

语言障碍：患儿语言发育迟缓，时常缄默不语。显得很安静，有些宝宝常重复一些单调而无意义的词句，或在说话时代词运用倒错，例如讲自己时常用"你""他"代称。因患儿不能理解别人的言语，故与人交流困难，也很少向人提出求助。

固执地坚持同一格式：患儿一旦建立起某种生活模式，就无休止地重复，如做稍许变更，例如改变就餐座位，患儿就会出现强烈的焦虑反应。

特殊依恋：患儿对人反应冷淡，但对某些无生命物体或小动物（如杯子、玩具、小猫）却表现出特殊的兴趣。特别喜欢旋转着的玩具，并产生依恋，如果夺走其依恋物，患儿便焦虑不安或哭闹不休。

思维反应慢：多数患儿智力迟钝，少数智力水平较高。

此外，患儿还可出现多动或少动、无法安慰的哭闹、情绪波动、睡眠障碍等现象。少数患儿对刺激的反应过强或过弱，如面对开来的汽车不知躲让、从高处跳下不知危险等。有些患儿还有奇异的习惯，如咬自己身体某一部位、拔头发等。有些则表现为摇晃身体，或其他有节奏的身体活动，或以躯干为轴不停地旋转。

少数患孤独症的宝宝到了4~6岁时症状有所改变，6~7岁时可以进入普通学校学习，长大后能参加工作，但会有言语障碍、情感冷淡或特殊行为方式等后遗症。多数宝宝愈后不佳，症状改变不明显，且不能独立生活，需要长期住院治疗。

宝宝孤独症的真正病因还不清楚，可能与家庭环境、遗传、脑部疾病、母亲怀孕时患病有关。有调查资料表明，亲子关系对宝宝孤独症的发生有一定影响。

对宝宝孤独症的治疗包括以下几个方面：一是应创造一个充满爱的生活环境，帮助并安排好患儿的生活，增加亲子间的感情交流；二是纠正不良行为，同时要鼓励、支持正确的行为；三是训练和提高语言能力和生活技能，较多的患儿尚需进入特殊学校接受训练和教育；四是用药物治疗，以改变患儿的孤独、淡漠、异常行为等症状。

孤独症宝宝的语言训练

语言障碍是孤独症儿童的主要特征之一，即使是那些语言障碍程度较轻的宝宝，虽然会说大量的词，但稍加注意就会发现，他们对词汇的理解是有限的。因此，训练孤独症宝宝的语言能力非常重要。

1. 父母应尽量使用简短句子

对一个刚刚开始理解词汇的孤独症患儿，父母对他说话时应尽量使用宝宝能理解的简短句子，这样做虽然很困难，但父母须有耐心，因为患孤独症的宝宝往往会被很多多余的词弄糊涂。例如说"佳佳，吃饭！"宝宝就有反应；但如果说"佳佳，快过来，你的饭快凉了"，宝宝就无反应。父母应逐渐增加句子中所包含的词汇，原则是要让宝宝能理解，同时使宝宝逐渐提高理解能力。一些孤独症宝宝对于以一定曲调唱出的词更易理解，因此"唱词"是一种增加宝宝兴趣、鼓励宝宝参与学习的好方法。同时，配合相应的图片也往往有助于宝宝对所学句子的理解。

2. 父母应帮助宝宝给物品命名

宝宝所学的最初几个词通常是所用物品的名称。孤独症宝宝常常很难理解某个词具有概括性。如，家里的椅子叫椅子，公园里的椅子就不知叫什么了；他们还可能根据物品的某些特点错误地命名，如把圆形的东西都叫圆。因此父母应帮助宝宝给物品命名，并给他时间重复练习这些词，直至掌握。

3. 父母要努力做一个好的翻译者

孤独症宝宝经常努力说一些事，但却常用错词或颠倒了词的顺序，他们还倾向于把很多词组成的一句话缩减为最少的几个词。比如说"屋子豆"，表示"我想把豆放在屋里，边看电视边吃"。虽然很难理解，但父母需要极大的耐心去理解，这很重要。当宝宝努力与他人谈话时，如果别人表示不理解、不耐烦或不注意，会使宝宝不高兴、泄气，失去自信心。父母要努力做一个好的翻译者，从而使宝宝更有兴趣、更有信心地与外人交往。

4. 训练宝宝回答一些简单的问题

利用游戏，让宝宝充当游戏中的一个角色，可以训练宝宝回答一些简单的问题。如爸爸先示范牛叫："哞——""哞"要以一种引起宝宝兴趣的方式说出，然后对着宝宝自问自答："牛怎么叫啊？""哞——"多次反复，直到引起宝宝注意，并能回答为止。其他类似问题也可以如此训练，但需注意，每一个训练都应是个游戏，并要在宝宝不耐烦之前终止。

5. 让宝宝传递一些简单信息

比如让宝宝喊爸爸吃饭："饭好了，爸爸。"开始宝宝要多次重复这个句子，当他能说得很好时，可领他到爸爸面前，并低声鼓励他把这句话告诉爸爸，爸爸听完后可以说："好，爸爸来了。"并应表现得很高兴，使宝宝体会到自己做得很好。每到吃饭时如此多次反复，直到宝宝能自觉地去告诉爸爸为止。

6. 让宝宝进行选择

让某些宝宝进行选择是困难的。如问："你想吃苹果还是梨？"宝宝可能重复整个句子或最后一个词"梨",尽管他想要苹果。这时,父母把苹果和梨拿出来让宝宝选择,并鼓励他把所选的东西用词表达出来,多次反复,最终他将学会怎样回答。

总之,孤独症宝宝的语言训练是一个长期、艰难的过程,以上只是其中的几种方法,父母要有耐心和信心。

宝宝打碎东西时

宝宝是在不断犯错中长大的，不是吗？请看这些宝宝：

林林认为自己长大了，硬要给妈妈倒水，结果把杯子打碎了；妞妞不让妈妈喂饭，要自己吃，不小心把碗碰掉摔碎了；玩具车开不动了，宁宁想自己拆开看看，不想却怎么也合不上了，把小车弄得七零八散的……这类事，总会使父母又心疼又气恼。

其实，犯错对于成长中的宝宝来说，是不可避免的。父母设身处地站在宝宝的角度想一想，就会发现他们是多么可爱：林林是想表现对妈妈的爱；妞妞是想试试自己的能力；宁宁是想让"汽车"再动起来。由于他们年龄小，身体灵活度不够高，对某些问题很好奇但解决不了，因此做事情经常事与愿违。

父母们应当放手让宝宝充分地融入生活，去了解周围的事物，通过正面经验和反面教训，使他们逐步获得知识，提升技能。如打碎了杯子，才懂得手要端牢它；装不好玩具车，才明白拆的时候要记住操作顺序以及把零件放好。犯错是与宝宝认识事物、形成经验紧密联系在一起的。

当然，父母对宝宝的错误也不能采取放任不管的态度，因为错误的反复出现会定型，因此形成不良行为习惯。父母应在错误发生后先肯定宝宝的良好动机，再指出错误，并提出改进的方法，这样对宝宝的成长才有利。

宝宝打人的原因

宝宝打人和父母的教育方式有密切关系。

当宝宝打人时，一般父母都会对宝宝说："不准打人。"但态度不坚决，也没有立即去拉开他。宝宝心里明白，虽然父母口头有禁令，但却没有真正来制止他，于是就继续打下去，久而久之，养成爱欺负人的坏毛病。

有的父母在宝宝打人时，也确实把宝宝拉开了，但事后不做任何批评教育，不了了之，没有让孩子认识到打人是不好的行为。有的父母虽然进行了批评教育，却采用的是和宝宝商量的口吻："宝宝，咱别打人家了好吗？"让宝宝觉得似乎能不能打人由他自己决定，于是以后遇到跟小朋友交往不顺心的时候，还是会轻易动手打人。

还有的父母对宝宝的批评是明贬暗褒，嘴上责备说："我家明明太爱打人，和他一样大的小宝宝谁都打不过他，说他也不听，拿他真没办法。"脸上却流露出得意之色。宝宝是最会察言观色的，他会感到自己很"英雄"，其他小朋友打不过自己，连妈妈都没了办法，于是就会继续打人。

有的父母则采取以暴制暴的方法，宝宝打了人时，父母把宝宝叫来不问缘由就狠狠地一顿打，这种方法实质上强化了宝宝打人的意识。

宝宝打人的时候父母应怎样做呢？首先父母要及时把宝宝拉开，拉住宝宝的双手，严厉地对宝宝说："不许打人！"如果宝宝感到委屈而大哭，父母可以拉（或抱）他离开现场，等宝宝安静下来后，让宝宝说打人的原因。如果是对方先引起的，可以告诉宝宝有很多方法能解决这个问题，不要选打架这个坏办法，并具体告诉他几个办法。如果是自己宝宝首先引起的，父母要明确告诉他："你打了人，妈妈很生气，很失望。"给他讲为什么不能打人的道理。如果宝宝大吵大闹不服管教，父母可采用不理睬、剥夺游戏机会等方法，等宝宝平静下来，再跟他细讲道理。

真打还是闹着玩

当宝宝们打闹一处时，父母首先要分辨宝宝是真打还是闹着玩。专家介绍了如下方法：

1. 从气氛上看

打架的气氛非常紧张，肢体动作具有攻击性，比如踢、咬和勒脖子等，而且伴有哭声、叫声等。而闹着玩时，气氛较轻松，不时有笑声，这是最明显的区别。

2. 从手势看

闹着玩时手里不拿东西砸人，不紧握拳头，手掌是摊开的。虽然你推我挤，但绝不伤人。

3. 从眼神看

如果是打架，宝宝会皱着眉狠狠地瞪对方，闹着玩则不会有这种气愤的眼神。

4. 从角色看

真的打架很明显有一方是攻击者，另一方是受害者，闹着玩时双方的角色则不断变换，你推我一下，我挤你一下。

专家发现，懂得利用打打闹闹和同伴打成一片的宝宝比较容易受欢迎；相反，往往一闹就真打起来的宝宝比较惹人讨厌。

　　父母也应告诉宝宝跟其他小朋友玩耍时要注意的事项，例如，不要使劲碰小朋友的头、面部和小肚子，否则会因弄痛人家而引起真正的打斗等。

让宝宝在吵闹中成长

　　宝宝到3岁左右就不喜欢独自玩耍了，他们开始有意识地找同龄伙伴去玩。一直在父母庇护下娇生惯养的宝宝，在开始学着和其他宝宝一起玩耍时，常常会出现因不合自己心意而哭着跑回父母身边的情况。这时父母应注意，无论宝宝是与别人玩得很好，还是与别人吵架，他们都是在尝试融入集体生活，尝试在与别人发生矛盾时，如何不失自我地使别人接受自己，同时又要出于合作的需要而去适应别人。宝宝正是在这种吵吵闹闹、推推搡搡的过程中寻找与他人的最佳合作方式。因此，小朋友之间的小吵小闹不见得是坏事，有时也是很必要的，这既能培养宝宝的个人意志，又能使他学习如何与他人相处。

　　不同年龄段的宝宝，争吵的形式也不同。3岁之前一般是被动地被其他小朋友招惹而吵架；到了3岁，宝宝就越来越爱主动招惹别人，这可能是宝宝自我意识发展的一种表现。

　　宝宝们吵闹的原因有很多，争抢玩具、争抢零食、对方无意的碰撞等都能导致两个宝宝争吵，他们的打闹不会是无缘无故的。如果父母只是简单地讲"打架不好"，或训斥宝宝，这丝毫无助于加强宝宝的协作精神。父母要把宝宝间的争执当作他们适应集体生活的第一课，父母干预宝宝间的争执，不要只是起到"熄火"的作用，还要教宝宝如何正确处理问题。

宝宝说谎时怎么办

　　宝宝说的话与事实不符，一般是出于这几种原因：现实与想象分不开；讨父母欢心；逃避惩罚；宝宝内心有期望或恐惧。

　　1. 儿童的思维和想象力是无拘无束的，他们容易把文学作品中美好的人物混入现实生活中。如宝宝听了《白雪公主》的童话后，会觉得白雪公主就生活在这个世界上，并告诉妈妈看见白雪公主了，并和她一起玩耍。对于这样的"谎言"，妈妈不要大惊小怪，如果竭力向宝宝证实白雪公主是假的，会削弱宝宝的想象力和学习上的兴趣。最好的做法是让宝宝既感受故事中的美好，同时父母也要引导宝宝从幻想世界中走出来融入现实生活。

　　2. 有些"谎言"反映出宝宝内心的期望或恐惧。父母要巧妙地向儿童点明真相。如宝宝在向别人吹嘘他那根本不存在的豪华玩具时，他是正在幻想中过有这种玩具的"瘾"，父母尽量不要在人前纠正他，等到和他单独在一起再对他说："你是不是很想要这种玩具，所以说你有，其实我们家没有这种玩具。"有时宝宝因为昨天在托儿所被老师批评，第二天早晨就谎称肚子疼不肯去托儿所。父母通过观察宝宝的眼神，如能确定宝宝确未生病，就应直接向宝宝点出真相，问明原因，并帮他分析，解脱心中的压抑感，正确面对现实。

让宝宝学会分享

　　宝宝的自信心，往往有助于他以积极的态度看待周围的事物。自信心强的宝宝，往往乐意和别人分享自己的东西；而自信心不强的宝宝，便把自己的东西抓得很紧，以显示自我价值。宝宝愿意与人分享，对于将来参加工作、与人合作等社会性行为有很大影响。培养宝宝的分享意识，重要的是帮助宝宝建立对人、对物的正确态度。

　　1. 让宝宝学会什么是"分享"

　　分享是暂时把物品借出或与人合作共用。父母在引导宝宝的分享行为时，往往混淆了"分享"与"慷慨"的含义。如父母说："莉莉，把你的饼干给小朋友吃一块。"如果莉莉把饼干给小朋友吃了，父母又说："莉莉，把你的玩具给小朋友玩。"这时，莉莉是无论如何也不肯把玩具让出来的。因为她认为把玩具交给同伴后，就等于永久地失掉了自己的玩具（如同刚才咽到同伴肚子里的饼干）。因此，父母在引导宝宝的分享行为时，应该明确强调有关分享的几个关键词："莉莉，请把你的玩具借给小朋友玩，过一会儿，他就会还给你的。"强调"借""还""一会儿"，而不要笼统地用"给"字。

2. 满足宝宝对自己东西的支配感

宝宝往往通过支配某样东西来显示自己的拥有权。因此，父母在引导宝宝的分享行为时，要注意满足他的支配感。如，爸爸说："龙龙，把玩具车借给小朋友玩一会儿吧？"他可能会说："不，借他这个小熊玩吧。"爸爸这时不必勉强他。通过几次"试验"，龙龙发现"借"出去的东西还会回来，就会放心地把自己心爱的玩具车借出去。有时在"借"给小朋友玩的过程中，宝宝会提出要小朋友把玩具还回来，父母可以另拿一样宝宝平时不太注意的东西帮宝宝换回来，宝宝"试"过几次，感觉他有对玩具的支配权后，就愿意和别人分享了。

3. 让宝宝从分享中获得满足感

宝宝会从带给别人快乐和帮助别人的过程中获得乐趣。如果宝宝对你说："我让珊珊玩我的小车了！"父母要告诉他："你看珊珊多高兴，她很感谢你呢。"

亲情也是需要培养的

每位父母都希望和宝宝建立起亲密无间的感情，亲子关系的好坏对教育宝宝起着重要的作用。

亲情的建立，是从宝宝呱呱坠地开始的。父母花费大量时间和心血照料他长大，在这个过程中，亲情逐渐建立起来。父母都有这样的经验，谁在宝宝身上投入得多，宝宝就和谁更亲。有些父母把宝宝寄养在爷爷奶奶家，等宝宝很大的时候才接回来，这时再来建立亲子间的感情往往要花费很大力气。

随着宝宝的长大，他对父母在生活上给予照料的需求越来越少，对心理上的抚慰和激励的需求增多。所以父母也要随着孩子的成长，学会一些爱子、教子的方法。

首先，许多父母认为"爱应该藏在心里"，或者认为教宝宝做的许多事就是爱的表示，宝宝可以感受得到。但是，很多情况下如果父母不直接用语言或动作表达出对宝宝的爱，宝宝就不知道父母是因为爱他才为他做许多事的。父母可直接告诉宝宝"妈妈（爸爸）爱你"，或通过抚摸、拥抱、亲吻来表达对他的爱。

其次，当宝宝会说话时，父母就可尝试用语言进行感情交流。认真了解宝宝的感受，分享他们的快乐，为宝宝解除身心压力。父母还应平等地把自己的想法，用宝宝能明白的语言传达给宝宝，坦诚地让宝宝分享并体验父母的思想、感受和希望。不要觉得"这丁点大的宝宝，他懂什么"。这种想法会阻碍亲情的培养。

以下四项指标，可以帮助父母评价自己与宝宝之间的关系。

①宝宝喜欢和你说话。

②宝宝常拥抱你。

③宝宝常主动地把想法和感受告诉你。

④他喜欢帮助你。

拒绝宝宝购物要求

星期天带宝宝去商店购物，有的宝宝会赖在玩具柜前不肯离去，更有甚者，会撒泼打滚非要父母买自己看上的玩具。如果家中已有了同类式样的玩具，或玩具价格昂贵不划算，父母就要拒绝宝宝的请求。如何才能既拒绝了他，又让他高高兴兴地离开玩具柜台呢？

首先，父母要体谅宝宝喜爱新奇东西的心情，对他的选择给予诚恳的评价，表示他的要求是可以理解的。如："这个玩具确实很好玩，怪不得你会喜欢它。"

其次父母可以告诉宝宝，带的钱不够，并让宝宝摸摸父母的口袋。或掏出一些钱（当然不够）让他自己去问售货员是否够。当售货员配合回答"不够"时，宝宝的表现会比听到父母的拒绝理智得多。

最后，要给宝宝转弯子的时间。宝宝虽小也是有自尊心的，父母要让宝宝转过弯儿来，给宝宝一点时间让他继续"饱饱眼福"。父母可以一边看一边给他解说，如家中有同类玩具，可以提醒他"我们家也有"，并大夸家里玩具的种种好处，激起他已拥有更好玩具的满足感，彻底放弃购买的要求。如果家里没有这种玩具，可以提起家里有另一种玩具，以己之长比彼之短，也会收到较好的效果。

自信自立，三岁而立

　　古希腊的哲人说过，天底下没有两片相同的树叶。由此可以推理，天底下更没有两个完全相同的人，每个人都是独一无二的，我们没有理由相信这世上存在那种所谓理想的"标准人"。最重要的是每个人要认识到自己作为一个独立而特殊个体的存在，相信自己，尊重自己。只有这样人才会积极进取，不怕困难，才有可能取得成功。

　　父母们常常忽视了一个重要的问题，在给宝宝设计未来的同时，更应注重培养他的自信心，维护他的自尊心。如有机会，父母应经常称赞和鼓励宝宝。在指出他的错误之前，首先要表扬他好的方面。当宝宝出现了错误，不应一味地责骂，而应告诉宝宝下次怎样做得更好。例如，我们可以这样来称赞宝宝："这是个很难的题目，但我知道你喜欢尝试难题，这样你才学得快。""你表现很好，我为你感到骄傲。"

　　父母应经常对宝宝的独立思考和自我决策行为予以鼓励。即使他做错了，仍要表扬他独立解决问题的行为，然后再解释他的决定为什么错了。这将有助于宝宝自信心的培养和自我检验机制的建立。

　　宝宝的自信心和独立性是他将来成功的基础。3岁宝宝独立意识迅速发展，自我行为、独立意识明显地表现出来，形成宝宝时期特有的个性，这个时期宝宝总是想按自己的愿望独立做一些事情，并且拒绝别人帮忙。比如自己穿衣、吃饭、刷牙、漱口，尽管动作很不协调，有时穿衣服穿反，穿鞋左右颠倒，但家长要帮助时，他会立即拒绝。宝宝依靠自己的力量完成一件事，会感到自豪，此时家长要不失时机给予表扬，久而久之，就可培养宝宝的自信心和独立能力。

每个人自孩提时代开始都是可爱的。他们应该得到爱，也应该做好自己该做的事情。